ENSEÑA COMO UN PIRATA

Colección «Educación»

5

DAVE BURGESS

ENSEÑA
COMO UN
PIRATA

*Aumenta la implicación de los alumnos,
potencia tu creatividad y transforma tu vida
como educador*

Mensajero

Título original:

Teach like a Pirate.
Increase Student Engagement, Boost Your Creativity,
and Transform Your Life as an Educator

Publicado originalmente en los Estados Unidos, en 2012,
por Dave Burgess Consulting, Inc.,
San Diego, California.
http://daveburgessconsulting.com

© Dave Burgess 2012

Traducción:
José Pérez Escobar

© Ediciones Mensajero, 2019
Grupo de Comunicación Loyola
Padre Lojendio, 2
48008 Bilbao – España
Tfno.: +34 94 447 0358 / Fax: +34 94 447 2630
info@gcloyola.com / www.gcloyola.com

Diseño de la cubierta
Vicente Aznar Mengual, SJ

Fotocomposición
Marín Creación, S.C.

Impreso en España. Printed in Spain
ISBN: 978-84-271-4168-1
Depósito legal: BI-20-2018

Impresión y encuadernación:
Masquelibros, S. L.

ÍNDICE

Segunda parte
Elabora lecciones atrayentes

Tercera parte
Llega a ser un pirata mejor

AGRADECIMIENTOS

Quisiera expresar mi gratitud a las siguientes personas que han sido fundamentales en mi travesía para escribir este libro.

A mi esposa, Shelley, por recordarme constantemente que profesores y equipos directivos estamos en el mismo barco. Pueden leerse sus extraordinarias reflexiones sobre el liderazgo en la educación en http://shelleyburgess.com.

A mis hijos, Hayden y Ashlyn, por relacionarse con un padre distraído mientras estaba escribiendo esta obra y por ofrecerme la oportunidad de ver la escuela desde la perspectiva de un padre. Me encantaría que se visitara el blog de mi hija en http://ashlynburgess.com.

A mis padres, Ann y Bill, no solo por ser unos grandes educadores, sino también por apoyarme a lo largo de los avatares que me condujeron a mi trayectoria actual.

A mi círculo íntimo de soporte educativo: Dan McDowell, Reuben Hoffman y John Berray.

A mi compañero de oficina, Jarrod Carrod, por aceptar el alboroto y por los cientos de conversaciones mantenidas paseando por ella.

A Billie Fogle, un maestro extraordinario de educación especial y primer miembro de mi equipo durante dieciséis años consecutivos, y suma y sigue.

A Bryan Ross, mi colega, mi amigo, y jefe de departamento, que fomentó un entorno que prestigia la expresión individual en la clase. Yo he realizado tres cambios importantes en mi vida profesional, y él ha tenido una función importante en cada uno de ellos.

Logré reunir un «equipo editorial de ensueño» para hacer realidad este libro. Mis gracias y mi gratitud a:

Erin Casey (http://erin-casey.com): Mi extraordinario editor, que pulió bellamente mis palabras al tiempo que mantenía absolutamente mi voz.

Kristen y Joe Eckstein (http://ultimatebookcoach.com): Ellos entendieron perfectamente la idea que tenía de la cubierta y del diseño interior de este libro, y la hicieron realidad de forma maravillosa.

Penny Sansevieri (http://amarketingexpert.com): Su asesoramiento en marketing y en la campaña del lanzamiento del libro me han ayudado, en gran medida, a expandir el alcance de mi mensaje.

INTRODUCCIÓN

LA VIDA DEL PIRATA SEGÚN MI PUNTO DE VISTA

«Ahora y entonces, teníamos la esperanza
de que, si vivíamos y éramos buenos,
Dios nos permitiría ser piratas».

MARK TWAIN, *La vida en el Misisipi*

«La vida es bastante buena, ¿y por qué no
habría de serlo? Soy un pirata,
después de todo».

JOHNNY DEPP

He pasado los últimos años de mi vida viajando de conferencia en conferencia y de escuela en escuela, vestido como un pirata.

Me miran con extrañeza. Pero no importa. Soy un profesor. Que me miren con extrañeza forma parte del trabajo.

Estoy embarcado en una cruzada para propagar el mensaje de *Enseña como un PIRATA* —un sistema que puede, como un mapa del tesoro, guiarte a la recompensa de una transformación total de tus clases y de tu vida como docente—. En mi opinión, esto justifica unas cuantas miradas extrañas.

Enseña como un PIRATA es en parte un manifiesto inspirador y en parte una guía práctica. Espero que te lleve a ser más apasionado, más creativo, y a sentirte más realizado en tu función de maestro o profesor. Al mismo tiempo, mi objetivo es ayudarte a crear un ambiente de clase que sea atractivo, participativo, y, lo más importante, *motivador*.

Pero ¿a qué viene lo de pirata? Después de todo, no queremos profesores que ataquen y saqueen barcos en el mar. Enseñar como un pirata no tiene nada que ver con la definición que da el diccionario, pero sí totalmente con el espíritu. Los piratas son osados, aventureros, y están dispuestos a partir hacia territorios desconocidos sin ninguna garantía de éxito. Rechazan el *statu quo* y se oponen a adaptarse a toda sociedad que reprima la creatividad y la independencia. Son emprendedores que asumen riesgos y están dispuestos a viajar a los confines de la tierra para encontrar lo que valoran. Aunque son ferozmente independientes, aceptan viajar con una tripulación formada por miembros diferentes. Si estás dispuesto a vivir según este

> *«El hombre común se molesta si le dicen que su padre es deshonesto, pero se vanagloria un poco si descubre que su bisabuelo fue pirata».*
>
> BERN WILLIAMS

código, a comprometerte con la travesía y a cumplir con los deberes correspondientes, eres libre de zarpar. A los piratas no les importa mucho la opinión de los demás; ellos enarbolan con orgullo sus pabellones como desafío. Y, además, a todos nos encantan los piratas.

Esta descripción del espíritu del pirata coincide exactamente con el tipo de personaje que más necesitamos en el ámbito educativo. En estos tiempos desafiantes y cambiantes, nuestros alumnos necesitan líderes que estén dispuestos a aventurarse sin un mapa claro para explorar nuevas fronteras. Necesitamos inconformistas y rebeldes que estén dispuestos a usar tácticas nada ortodoxas para despertar y encender la llama de la creatividad y de la imaginación en las mentes de los jóvenes. Necesitamos innovadores emprendedores que sean capaces de capitanear la nave de la educación por aguas que están agitadas y en constante cambio. En suma, necesitamos piratas… te necesitamos a ti.

GEOGRAFÍA DEL TERRENO

Enseña como un PIRATA se divide en tres partes:

Primera parte: Enseña como un pirata

Este es el núcleo del sistema y de la filosofía PIRATA. Se divide en seis capítulos, y cada capítulo se corresponde con cada una de las letras del término [*PIRATE*, en inglés].

Pasión. Se supone que te apasiona tu trabajo de profesor. Este capítulo explica *cómo* sentirse apasionado, aun cuando la materia que enseñas no sea precisamente la que te emociona.

Inmersión. Es fácil dar órdenes desde la seguridad de la barrera, pero el acercamiento seguro no es el más efectivo. Para comprometer realmente a tus alumnos, debes hacer una inmersión en el momento. Aprenderás en este capítulo por qué tu clase necesita tu plena atención.

Relación. Llegar a conocer a tus alumnos a un nivel personal, mostrándoles que son más que una mera nota y proporcionándoles un ambiente seguro y divertido, sienta las bases para el aprendizaje. Este capítulo te ofrece ideas sobre cómo establecer relaciones de forma natural y auténtica para que puedas conectar con tus alumnos.

Pregunta [*Ask*] y analiza. Dar con ideas creativas surge de hacer las preguntas correctas. Asegurarse de que esas ideas conectan con tus destinatarios, requiere un análisis constante y apertura a recibir *feedback*. Este capítulo te ayudará a preguntar y analizar mejor, de modo que puedas ser un profesor más creativo y eficaz.

Transformación. Si te sientes como si estuvieras golpeándote constantemente contra el muro de tus alumnos, quizá es el momento de transformar tus expectativas sobre qué es posible hacer en la clase. Este capítulo explica cómo reestructurar tu materia —con respecto a ti mismo y a tus alumnos— para que puedas derribar ese muro.

Entusiasmo. Por encima de todo, el entusiasmo es la herramienta más poderosa en la clase. Este capítulo explica por qué debes usarlo generosamente. También aprenderás cómo aumentar tu entusiasmo de modo que la última clase del día tenga el mismo impacto que la primera.

Segunda parte: Elabora lecciones atrayentes

¿Estás cansado de hablar a unos alumnos que parecen empeñados en ignorarte? Esta sección te ayudará a comprometerlos y a atraerlos magnéticamente a tus clases. En este curso intensivo sobre como diseñar tus exposiciones encontrarás garfios[1] cautivadores que puedes añadir a tu contenido, así como un montón de preguntas dirigidas a ayudarte a generar ideas increíblemente motivadoras para tus clases y a disparar tu creatividad. Las preguntas te impulsarán a pensar de manera no convencional y las aplicaciones te aportarán una experiencia inmediata y práctica para implementar el proceso creativo.

Tercera parte: Llega a ser un pirata mejor

Antes de zarpar, querrás leer estas últimas instrucciones. En esta sección encontrarás la garantía y la orientación necesarias para asegurar que alcances tu destino final y recibas un tesoro digno de la travesía.

¡Bienvenido a bordo!

---

[1] La palabra inglesa *hook*, que significa «gancho» sirve también para designar el «garfio» del pirata. Por eso usamos la expresión «garfios de presentación» a lo largo del libro (NdT).

Primera parte

¡ENSEÑA COMO UN PIRATA!

PASIÓN

«Solo las pasiones, las grandes pasiones,
pueden elevar el alma a grandes cosas».

Denis Diderot

En lo profundo del corazón de los profesores de todo el mundo se encuentra un enorme secreto. Lo sé porque yo también lo soy. No quieres hablar de él ni admitirlo porque temes el juicio de tus compañeros. Crees que eres el único que tiene este secreto aparentemente terrible y horroroso. Es como cuando Betty Friedan, en *La mística de la feminidad*, escribió que las mujeres de todo el país se quedaban tumbadas en la cama, mirando el techo y preguntándose: «¿Esto es todo?». No querían hablar de sus sentimientos de vacío e insatisfacción con otras mujeres porque pensaban que estaban solas y se verían expuestas a la burla y a la vergüenza. Pues bien, yo espero ser como Betty Friedan para ti, y espero que este libro te libere para siempre de este secreto profundo y tenebroso que te pesa en el alma.

El secreto es el siguiente: *No nos apasiona* todo *lo que enseñamos*. ¡No pasa nada! Deja que te inunde el sentimiento de libertad. Ahora que el secreto ha salido a luz, hablemos de él.

Sabemos que se supone que tenemos que sentirnos apasionados por la enseñanza. Por esta razón nos sentimos culpables cuando la pasión simplemente está ausente. Asistimos a seminarios y conferencias donde los ponentes explican por qué, como profesores, debemos poner pasión en nuestro trabajo. Desde el escenario oímos: «Si no puedes poner pasión en tu trabajo, entonces, por Dios, ¡búscate otro!». ¡Suena genial! Recordamos por qué nos hicimos profesores. Realmente, *queremos* ayudar a nuestros alumnos a desarrollarse y a tener éxito. Por un momento, los mensajes entusiastas consiguen ilusionarnos y darnos vida. Pero, entonces, los conferenciantes dejan el escenario y nos quedamos fríos, porque nunca explican *cómo* encontrar y mantener la pasión de enseñar.

Sabes que hay días en los que miras el contenido curricular y adviertes que será difícil que te entusiasmes. ¿Qué haces en esos días? ¿Cómo puedes aportar sistemáticamente pasión a una materia que te resulta aburrida o nada interesante?

Tal vez, debería mencionar algunas raras excepciones… profesores que encuentran apasionante todo cuanto enseñan. Yo les llamo «frikis». Tengo uno de estos en mi departamento de historia. Come, duerme, respira y «viste» historia diariamente. Su casa es como un museo. Recrea episodios históricos en su tiempo libre y ha participado como extra en numerosos documentales y películas de temática histórica. Tanto él como quienes son así no necesitan esta sección del libro. Mejor para ellos. Los demás debemos encontrar intencionadamente los modos de aportar pasión a nuestro trabajo diario.

Para resolver este problema, dividiré la pasión en tres categorías diferentes: pasión por el contenido, pasión profesional y pasión personal. Centrándonos conscientemente en la identificación, el desarrollo y el uso de estas tres categorías, es absolutamente posible llegar a ser un profesor poderosamente apasionado cada día del curso académico. Responder a las cuestiones relativas a cada una de las categorías mencionadas es algo que lleva su tiempo. Para usar de forma más efectiva esta sección, recomiendo que escribas tus respuestas para que puedas remitirte a ellas posteriormente, o, al menos, *te ruego* que te des tiempo para terminar mentalmente el ejercicio antes de seguir adelante.

PASIÓN POR EL CONTENIDO

¿Qué te apasiona enseñar en tu asignatura? *Es decir, de todos los temas y conocimientos mínimos de tu currículo, ¿cuáles son aquellos de los que disfrutas más?*

A mí me encanta enseñar el movimiento a favor los derechos civiles. Me gusta todo lo relativo al tema y en la unidad hay incluso áreas que me apasionan más que otras. Por ejemplo, me gusta especialmente enseñar el lado más provocador del movimiento. No necesito ninguna ayuda adicional para entusiasmarme cuando explico la historia de Malcolm X o del *Black Panther Party* [Partido Pantera Negra, también conocido como «Panteras Negras»]. No tengo que esforzarme mucho para dinamizar el aula cuando discutimos las ideas de Malcolm X. Disfruto al encontrar directamente esa energía para intentar abrir la mente de mis alumnos. También me encanta explicar el tema de la oposición a la esclavitud. Y la contracultura de los años sesenta… ¡sin problema! A mis alumnos les encanta la música de aquella época que uso para ayudar a presentar el contenido.

Por otra parte, ¡*no* me apasiona en absoluto el tema del ferrocarril! Comprendo su importancia histórica, pero no me quedo en vela por la noche preparando el tema. Tampoco me entusiasma la Revolución Industrial ni la historia militar. Así pues, ¿qué podemos hacer los días en los que el tema no suscita nuestra pasión por el contenido? Aquí es donde hacen acto de presencia la pasión profesional y la pasión personal.

PASIÓN PROFESIONAL

¿Qué te apasiona en tu profesión, **pero no específicamente en tu asignatura?** *¿Qué es lo que te impulsa del hecho de ser educador? ¿Qué hace prender el fuego en tu interior?*

Te daré una pista al respecto: La respuesta que des probablemente está relacionada con las razones por las que te hiciste profesor. Con demasiada frecuencia, al afrontar las tensiones diarias del trabajo, no logramos volver a conectar con la llamada que sentimos a ejercer esta sagrada y altamente valiosa profesión al principio. Esta es la categoría más importante que «te cambia la vida» y, por eso, te invito a que dediques tiempo a pensar en ella y a poner por escrito tu respuesta.

Podría expresar mi pasión profesional en los siguientes términos: me apasiona formar personas que aprenden a lo largo de toda su vida. Me apasiona aumentar la autoestima y la autoconfianza de mis alumnos. Me apasiona que los alumnos dejen mi clase con una visión más amplia de lo que pueden ser sus vidas. Disfruto ayudando a que los alumnos a los que les da igual la escuela se entusiasmen con ella, aunque solo sea por mi asignatura. Me encanta desarrollar el espíritu creativo e innovador de mis alumnos. Me apasiona no dejarlos caer víctimas de las terribles tendencias educativas que nos harían convertir a los niños en autómatas que hacen exámenes y que pueden repetir como loros hechos y trivialidades, pero son incapaces de hablar sobre algo relevante o importante. Quiero modelar e inspirar un espíritu lleno de emprendimiento e impulsar una constante mejora personal en todos los ámbitos de la vida. También me apasiona realizar exposiciones atractivas de los contenidos de mi asignatura.

Hablando francamente, podría llenar este libro con ejemplos de mi pasión profesional, porque es la auténtica razón por la que me hice profesor. Pocas personas se dedican a la docencia porque les encanta un tema en particular. No muchos profesores de inglés eligen su carrera debido a una pasión inquebrantable por enseñar el uso efectivo y correcto de la coma. Los profesores de matemáticas raramente tienen un amor antinatural por el número pi. Por mi parte, ciertamente no me sentí atraído a la profesión para enseñar el tema del ferrocarril. Lo más probable es que tú, como yo, seas un profesor debido a tu pasión profesional.

He aquí la clave: en los días en los que no sientes pasión por lo que enseñas, debes tomar conscientemente la decisión de centrarte en tu pasión profesional. Esta intencionalidad no se produce automáticamente; al menos, no al principio. Por eso es fundamental que te comprometas a cambiar tu perspectiva y que te centres sistemáticamente en tu pasión profesional. Yo me esfuerzo constantemente por incluir mi pasión profesional en cada lección que imparto por medio de lo que llamo «lecciones que cambian la vida» (LCV). Las LCV me proporcionan la oportunidad de intentar transformar la vida de mis alumnos, sea cual sea el contenido que toca explicar un día concreto.

Incorporar una LCV, mi verdadera pasión en el campo educativo, me permite también «realizarla» sistemáticamente. Este enfoque me da la energía para iluminar una clase, sin que importe la temática que explico ese día. Por ejemplo, cuando hablo de Malcolm X, hay una cierta cantidad de datos históricos que debo proporcionar a mis alumnos. Pero también tengo un programa oculto y más extenso. Uso la historia de la vida de Malcolm para enseñar a mis alumnos la increíblemente asombrosa capacidad que tienes los seres humanos para transformar su vida. Era un hombre cuyo padre murió, seguramente asesinado, su madre fue internada en un psiquiátrico y él fue criado en varios hogares de acogida. Abandonó el colegio después de ver sus sueños y ambiciones destruidos, precisamente, por un profesor. Con el tiempo, se involucró con malas compañías, fue arrestado y condenado por allanamiento de morada, posesión de armas y robo. Mientras cumplía una condena de diez años de cárcel, transformó completamente su vida mediante el poder de la educación autodidacta. Leía un libro tras otro, hizo cursos por correspondencia, y se convirtió en un hombre con un alto nivel de formación. Se unió a la Nación del Islam, cambió su nombre y, con el tiempo, se hizo ministro religioso musulmán y portavoz nacional de la Nación. Después de decepcionarse con el líder de la Nación del Islam, peregrinó a La Meca y viajó a otras partes del mundo, rompió con la organización y transformó su vida y su mensaje una vez más. Rechazó algunas de sus ideas anteriores y comenzó a comunicar un mensaje nuevo y poderoso que era más inclusivo, aunque mantenía los núcleos duros de su ideología: la autodeterminación y el nacionalismo negro. Mientras pulía este mensaje y se preparaba para liderar su nueva organización, fue tiroteado durante un discurso en el Audubon Ballroom.

Resulta difícil estar en una posición más baja en la vida: padre asesinado, madre en un hospital psiquiátrico, abandono de la escuela y encarcelado por delincuente. Y, sin embargo, Malcolm eligió erguirse sobre estos enormes y aparentemente insuperables obstáculos, y se convirtió en el líder carismático de miles de personas. Uso la historia de Malcolm para mostrar a mis alumnos que no importa desde donde comiencen en la vida o lo bajo que caigan, porque siempre pueden, con la fuerza de la educación y de sus propios esfuerzos, ascender a la grandeza.

La lección sobre Abraham Lincoln se convierte en una lección sobre la perseverancia y la superación de la adversidad. La historia de Rosa Parks muestra cómo una sola persona corriente con fuertes convicciones y con la valentía para actuar apoyándose en ellas, puede transformar la historia. Una lección sobre el día D se convierte en una oportunidad para enseñar a valorar y a dar las gracias por los sacrificios realizados por las generaciones anteriores para asegurar las libertades que hoy damos por supuestas. Toda lección puede incluir una LCV.

La pasión profesional puede también llenar los huecos que pudieras tener en la pasión por el contenido de otra forma. Por ejemplo, ya mencioné que no me apasiona el tema del ferrocarril. Por suerte para mis alumnos, sí que me apasiona desarrollar exposiciones atractivas de los contenidos de mi clase. Así que, aunque no me entusiasme el tema, puedo sentirme absolutamente inspirado y plenamente comprometido en mi intento por presentar el tema de forma entretenida. Puedo apasionarme por proporcionar una oportunidad a mis alumnos para que desarrollen y ejerzan sus talentos y habilidades creativas. Puedo apasionarme creando el clima y la dinámica social necesaria para establecer una relación y un ambiente psicológicamente seguro.

La pasión profesional es un auténtico cofre del tesoro que está lleno de todo cuanto necesitamos para negarnos firmemente a entrar en la clase con nada menos que una pasión ardiente por el impresionante trabajo y la gran responsabilidad que tenemos por delante. ¡Accede a ella y siente la fuerza que estalla en tu alma!

PASIÓN PERSONAL

¿Qué te apasiona *en ámbitos que no tienen nada que ver con tu profesión?*

A mí me apasiona la magia. Me apasionan los deportes, especialmente el baloncesto, y ser entrenador. Me apasiona mi familia. Me apasionan el emprendimiento, el marketing y la superación personal.

Para mantener viva tu pasión por la enseñanza, encuentra tantas formas como puedas para incorporar tus pasiones personales en tu trabajo. Siempre que puedo usar la magia para demostrar un punto, lo hago sin dudar. No solo me ayuda a elaborar una lección más cautivadora y, por tanto, digna de ser recordada, sino que también me ayuda a incrementar la sensación de satisfacción y de diversión como educador.

Casi cualquier pasión personal puede ser incorporada en la clase. Por ejemplo, ¿te apasiona el arte y la creatividad? Desarrolla clases que muestren tu pasión

«La individualidad de la expresión es el principio y el final de todo arte».

JOHANN WOLGANG GOETHE

y permitan a tus alumnos no solo experimentar tus propios puntos fuertes, aptitudes e imaginación, sino también comenzar a desarrollar la suyas. Si te apasiona tocar la guitarra, llévala y toca. Conozco a profesores que tienen un enorme interés por la tecnología puntera, y encuentran los modos para incorporarla a sus clases. Aportar tu pasión personal a la clase te empodera para crear una lección más intensa, porque enseñas desde tu punto fuerte. Y, además, permite a tus alumnos ver cómo *sus* aptitudes y pasiones únicas pueden ser decisivas, de enorme valor y aplicables para su futuro.

No te preocupes si tienes dificultad para saber cómo usar tu pasión personal en la clase. Puede que necesites solo un poco de ayuda en el arte de la lluvia de ideas creativa. Más adelante, en este libro, nos centraremos específicamente en el aumento vertiginoso de tu creatividad y en el dominio del proceso de la lluvia de ideas. También es importante advertir que, a diferencia de la pasión profesional, la pasión personal probablemente no es algo que puedas o debas incluir en tus planes de clase de forma diaria. Más bien, es como una especie de plus, un añadido que te ofrece la oportunidad de incrementar tu amor por la enseñanza cuando se ejercita.

Sacando partido a las tres categorías de pasión —y, especialmente, dedicándote conscientemente a la pasión profesional, centrándote en ella cada vez más—, llegarás a ser un imbatible «monstruo apasionado» en la clase. El aumento de tu pasión te sostendrá a lo largo de aquellos largos periodos del curso que inevitablemente llegan e intentan hundirte. La enseñanza es un trabajo lleno de frustraciones y de dificultades que ponen a prueba tu paciencia. Usa tu pasión para elevarte y planear sobre los obstáculos en lugar de colisionar contra ellos y quemarte.

Tu pasión te ayudará a llegar a ser absolutamente implacable en la persecución de la excelencia. Con el centro puesto en la pasión profesional, la enseñanza deja de ser una transmisión de contenidos curriculares… para convertirse en un medio que transforma la vida. Se trata de matar la apatía, de ayudar a la siguiente generación a desarrollar plenamente su potencial y a que ellos lleguen a ser seres humanos con éxito. No se trata ya de memorizar hechos, sino de inspirar la grandeza en otros.

Cuando estás lleno de pasión, también llegas a ser un educador personalmente realizado. Es divertido y apasionante compartir lo que eres singularmente «tú mismo». Cuando actúas así, haces de tus intervenciones y de tu carisma personal algo casi magnético por naturaleza. Estar en presencia de personas que están dedicadas a cumplir la finalidad más importante de su vida, es casi hipnótico. Se produce una cierta «energía», una electricidad, que emana de aquellos que realmente aman lo que hacen o lo que estudian. Puede que otros no tengan interés particular por el tema en cuestión, pero se sienten mágicamente atraídos por una persona, debido al poder absoluto que impregna su intervención. La pasión es como una droga, pero sin sus peligros y efectos secundarios. Úsala tanto como quieras. Una vez que la hayas probado, querrás siempre usarla más.

PÁJAROS, SERPIENTES Y EL ARTE DE ENSEÑAR

Hace poco, estaba con mis dos hijos y mis dos perros junto a un estanque en uno de los cañones de Tierrasanta [cerca de San Diego], cuando nos cruzamos con un señor que paseaba a sus perros y llevaba unos prismáticos colgados al cuello. Mientras manteníamos una pequeña charla, se detuvo de repente, tomó los prismáticos y, con entusiasmo, señaló a un halcón que estaba encaramado encima de un árbol cercano. Nos contó qué tipo de halcón era, sus hábitos de caza, y cómo sus plumas estaban perfectamente diseñadas para la forma de volar que necesitaba.

Me quedé fascinado.

Ahora, por favor, quiero que me entiendan, no estaba nada interesado por los halcones, y soy una persona poco dada a las actividades al aire libre. Mi idea de acampar es una habitación de hotel o un camarote en un crucero. Así pues, ¿por qué me sentía atraído por la historia de este señor? ¿Cómo mantuvo mi atención durante unos treinta minutos mientras explicaba todo el ecosistema del estanque y me daba un argumento apasionado para no matar a las serpientes de cascabel?

La respuesta es sencilla. Este señor estaba totalmente apasionado con su tema. Cuando interactúas con alguien que está plenamente comprometido y lleno de pasión, puede resultar una experiencia impresionante e inolvidable. No hay fingimiento ninguno... ¡no se puede mostrar ese tipo de pasión como lo hacía Meg Ryan en *Cuando Harry encontró a Sally*! El entusiasmo puede ser..., pero la pasión, no.

Existe un tipo de vibración que parece emanar de las personas que están cumpliendo su claro propósito fundamental en la vida, y es contagiosa. Siguen sin importarme especialmente los diez tipos de pájaros que me nombró mientras los observábamos, pero le escucharía hablar de ellos cualquier día de la semana. Mis hijos hablaron de este señor durante todo el camino de vuelta a casa.

Las personas se sienten atraídas y les gusta estar rodeadas por aquellas que están apasionadas con sus vidas.

No importa la materia que enseñes. Puedes llegar a cautivar totalmente a tus destinatarios si ellos pueden sentir tu pasión y tu amor por lo que haces. Atraerás a los alumnos como si se tratara de una fuerza magnética. La pasión hace que te sientas como ardiendo en tu clase. Me gusta la siguiente cita: «Enciéndete con fuego de entusiasmo y la gente vendrá desde kilómetros solo para verte arder».

Esta es otra razón por la que un enfoque «uniformador» sobre la enseñanza nunca será el más efectivo. Lo que me hacer enardecer y apasionarme en la clase, y, por consiguiente, ser más eficaz, podría no ser lo mismo que funciona para mi colega de la clase de al lado. Resiste todo movimiento que intente clonar profesores y clases, y, en su lugar, alégrate del hecho de que son tu individualidad y tu singularidad las que siempre te llevarán a ser el profesor más eficaz que puedes ser.

Arde en llamas de pasión… y no te preocupes si no es una quema controlada.

INMERSIÓN

«Haz lo que haces intensamente».

Estás a punto de aprender el truco número uno, es decir, la receta *top secret* para llegar a ser un *amante espectacularmente mejor*.

Ahora me estás prestando atención, ¿verdad?

En este momento, quienes leen esto pueden dividirse en dos grupos… hombres y mujeres. Los hombres pensarán: «Sin duda, no necesito leer esta sección». En cambio, las mujeres pensarán: «¡Espero que los hombres presten atención a esta sección!» (probablemente, mi esposa estará pensando: «Pero, ¿quién diablos se piensa que es este para dar lecciones sobre este tema?»).

En *Forastero en tierra extraña*, una famosa novela de ciencia ficción de Robert Heinlein, encontramos a un personaje femenino que ha tenido un «encuentro» con un hombre llamado Mike; ha sido una experiencia tan impresionante, que le resulta muy difícil expresarla. Cuando otra persona le pregunta al respecto, ella se siente frustrada por su incapacidad de describir con precisión sus sentimientos. Finalmente, dice:

«Cuando Mike te besa, no hace nada más. Tú eres todo su universo». Es decir, el resto del mundo desaparece, y cada célula, fibra, músculo y pensamiento están plenamente inmersas en ese momento.

El secreto para llegar a ser un amante mejor –y un profesor mejor – reside en la *inmersión* total. Tu capacidad para entregarte completamente al momento y «estar» plenamente con tus alumnos, es una técnica asombrosa e inequívocamente poderosa. A mí me encantaría que uno de mis alumnos hablara con un compañero sobre cómo es estar en mi clase diariamente y le dijera: «Cuando te enseña, ¡no hace nada más!». Los alumnos pueden sentirlo cuando tú estás verdaderamente presente.

Tan fácil como resulta percibir la inmersión, los alumnos también pueden detectar cuándo no estamos totalmente allí. Todos sabemos cuándo tratamos con personas que se distraen o que, de alguna manera, no prestan atención. Tanto si se trata de un cajero, como de tu médico o de un amigo, o de cualquier persona, la falta de una atención plena puede ser exasperante. Es increíblemente frustrante interactuar con una persona que no está inmersa ni plenamente involucrada en esa interacción. Una falta de inmersión en el momento presente envía un claro mensaje, aunque no verbal, de que ese momento es, de algún modo, menos importante y no suficientemente relevante para que merezca prestarle una total atención.

Veamos un ejemplo de lo que significa la inmersión. Si estás cerca de la piscina y alguien te pide que te «centres» en ella, ¿qué significa? ¿Te mantendrías de pie en el borde mirándola fijamente? ¿Subirías a la torreta del socorrista y mirarías desde arriba? Después de todo, se supone que centrarse es una estrategia poderosa y efectiva. Compárese ahora el concepto de centrarse con la siguiente escena que define la inmersión. Estás en la zona de la piscina y alguien te pide que te sumerjas en ella. ¿A qué se parecería esto? ¿Qué implica que alguien te pida te sumerjas? ¡Pues que tienes que mojarte y meterte en el agua!, así que o nadas o te ahogas. Se trata una experiencia cualitativamente diferente.

Yo puedo pasar junto a una puerta abierta de una clase y decirte en dos minutos si el profesor es un socorrista o un nadador. Un socorrista está sentado mirando lo que pasa y supervisando toda el área de la piscina. Aunque está centrado en su tarea, se produce una sensación de separación, tanto física como mental. En cambio, un nadador no está sentado, sino participando y formando parte integral de la acción.

El verano pasado, mi hijo Hayden recibió clases de natación dos días a la semana en la sede local del YMCA [*Young Men's Christian Association*]. Los martes tenía a un entrenador que estaba de pie al borde de la piscina y le daba instrucciones al regresar después de cada vuelta. Los jueves tenía una entrenadora que se metía *en* la piscina con él. Ella le levantaba físicamente sus brazos y le mostraba la forma correcta de hacer la brazada. Le tomaba por la barbilla y le movía la cabeza a un lado para enseñarle a qué distancia debía tenía que estar del agua para poder respirar. Hayden aprendió más en uno o dos jueves que en todos los martes juntos.

Es mucho más poderoso «nadar» con tus alumnos. Ellos necesitan el beneficio de tu inmersión completa. Ahora bien, es importante puntualizar que mi hijo estaba aprendiendo por primera vez a dar brazadas, es decir, no estaba practicando y perfeccionando algo que hubiera ya aprendido. Hablando claramente, no quiero decir que un entrenador de natación de competición tenga que estar en el agua con sus nadadores. Lo que quiero decir es que, al dar los primeros pasos, especialmente si los alumnos tienen dificultades, tienes que dejar el confort de la hamaca o la torreta del socorrista y lanzarte al agua con tus alumnos.

Los alumnos perciben la inmersión de formas de las que ni siquiera nos damos cuenta. Recientemente, tuve que faltar a clase un par de días, y le dije al profesor sustituto que les pusiera un video. Al regresar, varios alumnos se quejaron diciendo que no había sido lo mismo verlo con el sustituto. Les dije: «¿Qué queréis decir? Os había dicho que, estando yo o no, pasaríamos estos días viendo el video». A lo que uno me replicó: «Sí, pero usted siempre detiene el video para contarnos cosas interesantes y nos prepara para lo que sigue. Usted hace breves comentarios durante toda la proyección. Nos gusta que mire y reaccione al video con nosotros. Sencillamente, es diferente cuando está aquí». Esta reveladora conversación constituía una prueba contundente de la importante diferencia que el poder personal, la actitud y la presencia plena del profesor tiene en el ambiente del aprendizaje. Un profesor que está plenamente inmerso en el momento posee un tipo de intensidad que resuena con gran potencia en la clase, independientemente de la actividad.

El sol es una poderosa fuente de calor, pero la Tierra no estalla en llamaradas cada mediodía. Sin embargo, si concentras los rayos solares mediante una lupa y diriges el haz fijo hacia un material inflamable, puedes iniciar un fuego. Esta es la diferencia entre la energía disipada y la energía que ha sido capturada, concentrada y dirigida con un potente foco, como un láser. La inmersión funciona exactamente igual en la clase, y te permitirá transformar las lecciones anodinas en supernovas que incendian la clase.

NO TE PIERDAS
EL MOMENTO

Durante una semana de Acción de Gracias, tuve un importante recordatorio de uno de los principios que enseño en mi seminario. Pasé esos días en casa con mis dos hijos mientras mi esposa trabajaba, lo que, en principio, era algo excelente, pero yo también tenía varias cosas sobre las que estaba trabajando... como sentarme frente al ordenador para escribir ideas en mi blog. Mientras mis hijos competían por atraer mi atención, sentí que comenzaba a apoderarse de mí una sensación de frustración (bueno, en realidad, era algo más que un comienzo). Justo antes de que estallara, me di cuenta: ¡a veces necesito aplicarme los principios de mi maldito seminario! ¡Es lo que yo enseño, caramba! Ciertamente, no estaba cumpliendo el principio de «inmersión». La atención dividida es inútil y genera una pérdida importante de fuerza personal. Dejé mi trabajo de lado y tomé la firme decisión de «estar» sencillamente con mis niños. En aquel momento, la inmersión significaba estar *plenamente* presente, dejarme llevar y renunciar a mi necesidad de tener el control en todo momento.

¿Cómo terminó este episodio? Pasamos un día maravilloso explorando los cañones de Tierrasanta y yendo a donde mis hijos querían ir. Mientras charlábamos durante el camino, presencié la creatividad innata que pueden mostrar los niños cuando no están sometidos a una programación exhaustiva o a una «estructuración» excesiva. Por cierto, personalmente, al dejarme llevar, también liberé mi mente para hacerme de modo natural con nuevas ideas para mi blog. Conseguí más ideas y mayor claridad dando un paseo que lo que habría obtenido manteniéndome pegado a la pantalla del ordenador. A veces, necesitamos dar a la mente una visión general, y, después, poner a un lado nuestra mente consciente para dejar que el inconsciente haga su trabajo.

La práctica de la inmersión y de la experiencia plena del momento se aplica a las clases de muchas más formas que las puedo posiblemente mencionar. Soy un firme defensor de contar con planes estructurados y definidos para orientar las clases, pero, a veces, ocurren cosas que exigen un cambio de orientación y «salirse» del plan. El momento «preñado de aprendizaje» [«*teachable*», en inglés] se llama así porque si esperas *desaparecerá*. No pasa nada si renuncias a tu estructuración para lograr algo mucho más valioso en el momento.

«Pero, espera, ... pronto serán los exámenes oficiales. Si hago eso, mis alumnos no tendrán tiempo de prepararlos».

Bien, al respecto yo digo lo siguiente: En algún momento de tu carrera tienes que decidir si te preocupa más enseñar para los exámenes o enseñar a los chicos. Hace ya mucho tiempo que tomé mi decisión. Yo enseño a los chicos. No dejes que el énfasis excesivo que se pone hoy en día en los exámenes estandarizados [sobre todo en los Estados Unidos] conduzca a la pérdida del momento «preñado de aprendizaje». La posesión de una correcta estructura y el uso efectivo de tu tiempo en la clase te permite la flexibilidad para que dejar que acontezca «el momento» sin ningún sentimiento de culpa. A veces, necesitamos «estar» simplemente con nuestros alumnos, y dar un paseo figurado con ellos por los cañones.

RELACIÓN

«Llevarse cientos de victorias después de cientos de batallas no es ser el más hábil. El más hábil es aquél que consigue vencer sin combatir».

SUN TZU

Esta cita de *El arte de la guerra* de Sun Tzu es una de las más geniales de la historia sobre el «control del comportamiento». En última instancia, nosotros no queremos desarrollar técnicas para ganar batallas mediante el control del comportamiento, sino desarrollar técnicas que nos permitan *evitar totalmente las batallas*.

Sé a ciencia cierta que tengo muchos alumnos que son una verdadera pesadilla para los otros profesores que les tocan, pero que para mí presentan pocas dificultades. ¿Cómo es posible? Ciertamente, no se debe a que yo sea más especialista que ellos en mi asignatura. Raramente está relacionado con que yo posea un nivel mayor de compasión o con que les preste más atención que mis colegas. Tampoco creo que el comportamiento contradictorio de esos alumnos tenga que ver con el hecho de que yo tenga una habilidad mayor para el control del comportamiento.

Así pues, ¿qué es lo que fuerza a estos «gamberros» a comportarse de forma diferente en mi clase? Ante todo, pienso que la razón que lo explica es que se sienten comprometidos. Por experiencia, opino que un alumno comprometido raramente presenta problemas de comportamiento. El mal comportamiento indica, por lo general, aburrimiento, saturación o falta de conexión con el material que se estudia. La segunda parte de este libro está totalmente dedicada a estudiar de forma exhaustiva las posibilidades de transformar tus clases en presentaciones altamente participativas que atraen y mantienen el interés de los alumnos como un imán. Pero el compromiso-participación es solo una pieza del puzle del comportamiento. De igual importancia para que tengas éxito en evitar las batallas con los alumnos es tu habilidad para desarrollar niveles profundos de relación.

En efecto, no puedes desarrollar presentaciones participativas o atractivas a menos que dediques el tiempo y el esfuerzo necesario para averiguar qué es lo que a ellos les parece *ya* interesante o atractivo. Muchas de las estrategias que describiré posteriormente son de naturaleza universal y están diseñadas para funcionar con todas las audiencias. Refuerzan lo esencial de la naturaleza humana y pueden usarse con seguridad y eficacia en todos los ámbitos. Sin embargo, uno de los grandes secretos y atajos con respecto al compromiso o la participación reside en dedicar menos tiempo a intentar conseguir que los alumnos se interesen por lo que estás explicando y más tiempo a realizar conexiones entre lo que estás explicando y aquello en lo que ellos están *ya* interesados.

Yo comienzo a construir la relación desde el primer día de clase con mi lección de la plastilina. Prosigo intentando saber tanto como puedo sobre mis alumnos conforme avanza el curso. ¿Cuáles son sus aficiones? ¿Qué deportes hacen? ¿Qué tipo de música escuchan? ¿Qué películas les gustan? ¿Qué programas de la televisión prefieren? Si prestas atención a lo que les entusiasma, puedes conectar con ellos casi inmediatamente. Algunos de mis garfios más poderosos proceden directamente de lo que voy escuchando de las conversaciones que tienen entre ellos.

También puedes pedir a los alumnos que traten de encontrar conexiones entre el contenido que impartes y la cultura popular en que ellos viven. Muchas veces, los alumnos me comentan la relación que encuentran entre una canción o película del momento y lo que estamos estudiando. Deberías hacer cuanto puedas para animar a tus alumnos a establecer este tipo de conexiones.

Asimismo, prueba a leer el periódico y ver las noticias teniendo en mente a tus alumnos. Desarrolla el hábito de seguir los acontecimientos actuales desde la perspectiva de la búsqueda de los garfios y las conexiones con tu materia. Te impresionarás de la mina de oro que tienes alrededor. Este hábito te ofrece el beneficio adicional de mantener constantemente frescas tus lecciones y de que sean más interesantes también para ti.

Una clave más para desarrollar la relación se encuentra en pasar tiempo informalmente con tus alumnos. Usa los minutos entre clases, antes y después del colegio, y, a veces, en el comedor y en los recreos, para conectar con ellos. Por ejemplo, hay unos cuantos clubs de alumnos que usan mi despacho a la hora del

> *«No he encontrado aún a un hombre, por más elevado que fuese su puesto, que no haya hecho un mejor trabajo y aportado un mayor esfuerzo donde hay un espíritu de aprobación que donde hay un espíritu de crítica».*
>
> CHARLES SCHWAB

almuerzo. Creo que estar disponible para los chicos les dice mucho sobre si estás o no interesado en ellos más allá de tu propia clase. Intenta interactuar con ellos cuando te los encuentras entre clase y clase, párate, charla con ellos, o salúdalos cuando vas de un lado para otro en el recinto escolar. Asiste, tan frecuentemente como puedas, a las actividades extraescolares de tus alumnos. La compenetración se construye, ante todo, interactuando con tus alumnos como semejantes tuyos, no como subordinados. Los chicos pueden decirte la diferencia que existe entre los profesores que solo parecen preocuparse de ellos cuando están en clase, y los que ven más allá del «alumno» a la persona singular que reside en su interior.

La compenetración es también increíblemente importante porque ayuda a crear participación. Cuando hablo de algunas cosas que hacen mis alumnos, sé que muchos profesores piensan en su interior: «Mis chicos no harían eso de ningún modo». Puede que tengan razón. Probablemente, los míos no lo harían el primer día de clase. No me conocen ni confían en mí todavía. Pero al crear un ambiente seguro y favorable donde se sienten valorados, me gano su confianza. Tú puedes hacerlo también.

Yo animo con ahínco a los profesores a desarrollar un ambiente de clase en el que los alumnos *tengan ganas* de hacer cosas extravagantes y donde lo que está fuera de lo común y a veces las tonterías sean la norma. ¿Cómo fomento este entorno? Primero, modelo el comportamiento que quiero de mi alumno. Yo me siento perfectamente bien conmigo mismo y estoy dispuesto a «soltarme la melena» en la clase. Un profesor tenso y rígido, genera clases tensas y rígidas. ¡Sé juguetón! Permite las bromas amistosas. Prima hacer tu clase divertida y entretenida desde el principio.

MIS TRES PRIMEROS DÍAS

He dedicado bastante tiempo a pensar y diseñar mis tres primeros días del curso. Probablemente, tú tengas tu rutina, y seguro que te funciona. Lo que pretendo al describir la mía no es que la lleves a cabo en lugar de la tuya. Me interesa más demostrar el pensamiento que subyace en lo que hago para que puedas evaluar si te serán útiles algunas de estas ideas. Al igual que en el resto del libro, no presento una situación radical, es decir, o se acepta todo o no se acepta nada; puede que quieras incorporar solo unas cuantas de estas ideas en lo que ya haces. Por otra parte, quizá decidas reestructurar completamente tus primeros días. En todo caso, espero que ayuden estas reflexiones.

Nada es más importante para mí que crear una atmósfera apropiada justo desde el comienzo. Ningún elemento curricular me interesa hasta haber establecido el entorno de clase seguro, favorable y positivo que necesito para enseñar satisfactoriamente a mis alumnos. El tiempo que dedico a este proyecto *no* es ninguna pérdida de tiempo. De hecho, sé que cosecharemos cien veces más antes de acabar el curso.

Primer día

Lo primero que ven los alumnos al llegar a la puerta es un letrero como el que puede encontrarse al entrar en un parque temático, una casa encantada o una actividad deportiva de riesgo. En él está escrito mi nombre, el número de aula y las siguientes palabras:

«Habéis oído las historias… ¿Estáis preparados para la experiencia?»

Antes de que los nuevos alumnos lleguen a entrar en el aula, se topan con un mensaje extraño e intrigante, que juega con el hecho de que hay muchas historias legendarias, a menudo exageradas, que circulan por la comunidad escolar sobre lo que acontece en mi aula. Aun cuando un estudiante no haya oído antes ninguna de estas historias, el mensaje suscita una interesante sensación de expectación. Se preguntan inmediatamente: pero, «¿de qué diablos va esta esta clase?».

Al entrar en el aula, lo primero que advierten es la energía positiva y optimista generada por la música. Siempre uso la música durante los cambios de clase para provocar una ruptura inmediata con las prisas, el bullicio y los empujones en los pasillos. Es un recordatorio audible de que están entrando en un mundo diferente… en mi mundo.

A continuación, sus ojos se centrarán en los pupitres. Cada uno tiene un plato de papel con un bote de plastilina sobre él. A lo largo de la pizarra, escritas con letras enormes, se encuentran las palabras «PROHIBIDO abrir el bote de plastilina». Ya, de entrada, intento romper sus ideas preconcebidas sobre lo que cabe esperar en una clase típica. Mi objetivo es llamar la atención y que perciban la diferencia con respecto a sus otras clases. Los chicos de secundaria no suelen jugar con plastilina, por lo que se trata, claramente, de un patrón que rompe la monotonía del típico primer día, dedicado a la lectura del programa y a recitar las normas y los procedimientos de la clase. En mi opinión, es mucho más importante que tengan una experiencia especial el primer día que asegurarse de que sepan cuántas veces pueden pedir permiso para ir al baño cada semestre y cuándo pueden utilizar el sacapuntas.

Me ocupo de realizar todas las tareas administrativas del primer día, como pasar lista y comprobar sus horarios, para estar seguro de que se encuentran en el lugar correcto antes de saludarles «oficialmente».

Una vez que comienzo, no quiero que se produzcan cambios que me retrasen y me obstaculicen el ritmo de la clase. Eliminar y mitigar los cambios es un elemento fundamental para mantener el compromiso y lo comentaré más posteriormente, en la sección de los garfios.

Una vez despejado el camino de los aspectos aburridos, procedo a darles lo que denomino el «entrenamiento de los buenos días». Se trata de algo altamente difícil de describir por escrito, y, en verdad, debe experimentarse para comprenderse totalmente. Básicamente, consiste en lo siguiente. Me pongo de pie detrás de mi mesa con ruedas, mirando a la clase, y atraigo toda la atención hacia mí al realizar un extraño proceso en el que coloco los papeles que tengo delante, ajusto el ángulo de la mesa, y, enderezándome incómodamente, me dirijo a la clase. De hacerse correctamente, se producirá una combinación de unas cuantas risitas y de muchas preguntas sobre qué diablos está pasando. Después, levanto la vista y digo «Buenos días», con voz alta y firme. Espero en silencio hasta que oigo unos cuantos «buenos días» y entonces irrumpo violentamente en la clase vociferando que su reacción es totalmente inaceptable y no será tolerada. «¡Ni una sola vez aceptaré esa reacción vuestra! Cuando os diga "Buenos días", me diréis "Buenos días" a mí. Pero no solo esto, sino que, además, si os digo buenos días de forma especial, ¡de igual modo tenéis que decírmelo a mí! Si os digo "¡Buenos días!" (dicho con un acento raro)… vosotros diréis "¡Buenos días!" (con ese mismo acento). Probemos de nuevo, este es vuestro primer examen del curso, y sí… ¡pongo nota!». A continuación, regreso al frente, miro a la clase, y susurro mi saludo. Ellos deben responder de igual modo, y, después, les digo «Bienvenidos a clase, gracias por venir. Me llamo Dave Burgess, y seré vuestro anfitrión en ¡este Festival del Aprendizaje!».

En ese momento salgo corriendo. Mirando a la clase desde fuera, veo el aspecto de los alumnos: parece como si les hubiera golpeado un huracán de energía y una explosión de fuego. Murmurando entre ellos dicen cosas como las siguientes:

«Esto va a ser increíble».
«Mi amigo me dijo que este tipo está chiflado».
«Este tío está totalmente drogado».

Lo que no oirás decir es «Parece que será una clase aburrida». Yo quiero que se den cuenta inmediatamente de que han entrado en un espacio diferente a cualquier otro que hayan experimentado.

A continuación, les doy un folleto con el siguiente título:

BIENVENIDOS AL MUNDIALMENTE FAMOSO FESTIVAL DEL APRENDIZAJE

PRESENTADOR: DAVE BURGESS

CELEBRACIÓN ACTUAL EN EL AULA SS-9

Nótese la perspectiva usada en el título. No dice «Historia y Geografía de los EE.UU. 1C», sino «Mundialmente famoso Festival del Aprendizaje». Es *presentado* por mí, no *enseñado*. Y se «celebra en SS-9», como si entraran a un espectáculo.

Esto es lo más cercano a un conjunto de reglas y de procedimientos que llegaré a darles. Le doy trámite en un plis-plas en tono de humor, salvo en un aspecto. Les hago saber que esta clase será completamente diferente a cualquiera de las que hayan asistido. Para lograrlo, deben poner entre paréntesis las ideas preconcebidas sobre lo que está permitido en una clase e imbuirse de un espíritu de ayuda para crear una experiencia llamativamente divertida y entretenida. Les digo claramente que creo que será su clase favorita de todos los tiempos y que la recordarán para siempre… pero que solo será posible si aceptamos cumplir una regla:

ESTA ES UNA ZONA LIBRE DE MALDAD

Les comunico que toleraré niveles increíbles de bromas, de diversión y de comportamiento supuestamente escandalosos para una clase, pero *nunca* toleraré la maldad. Toda la diversión se detendrá de golpe si alguien se porta mal con otro alumno o hace algo que hiera los sentimientos de otro. Sencillamente, es imposible enseñar con este estilo de apertura sin subrayar esta regla. Es fundamental para crear el ambiente seguro y favorable en el que la creatividad, el aprendizaje y la diversión puedan coexistir y prosperar. Como parte de esta regla, les digo también que deben sentirse libres para hacerme saber si les hago sentirse molestos al hacer que sean centro de atención, sin desearlo, con mis bromas y provocaciones. Quiero que mis alumnos se sientan perfectamente tranquilos cuando se me acercan para comentarme cualquier cosa que esté ocurriendo en la clase. Crear un lugar seguro es una condición indispensable para la implementación exitosa de mi estilo de enseñanza.

Una vez que todos conocen las reglas, les digo que dediquen los siguientes diez minutos a crear algo con plastilina que de algún modo sea representativo de ellos mismos. Pueden hacer lo que quieran, siempre que sea apropiado en el contexto de la clase. Les explico que mostraré a la clase su obra, les haré una o dos preguntas sobre ella, y tendrán que decir su nombre. No tendrán que situarse frente a la clase, y todo el proceso durará treinta segundos o menos. Esta simple explicación de lo que les aguarda les ayuda a reducir la tensión que sentirían al hablar frente a la clase.

Cuando comienzan a trabajar en su creación artística, aprovecho la oportunidad para hacer algo importante, aunque extraño en un primer día de clase. Paseo en torno a ellos e interactúo de modo informal. Les ayudo con una lluvia de ideas sobre lo que pueden hacer si están bloqueados (bajando de nuevo el nivel de tensión), y aprovecho la ocasión para comenzar a saber más de mis alumnos preguntándoles sobre sus creaciones. Esta información puede usarse posteriormente para ayudar a crear garfios con respecto a mi material que son altamente efectivos, porque incorporan temas en lo que ya están involucrados y comprometidos.

Cuando el tiempo ha terminado, paso rápidamente entre las filas hablando con cada alumno y pidiéndole que se presente. Cuando les pregunto sobre lo que han creado, lo hago de forma rápida, desenfada y divertida. «Rescato» a cualquier alumno que tenga dificultades para expresarse, de modo que todos dejen la clase sintiendo que han tenido éxito.

A lo largo de la hora de clase, me aseguro de repasar constantemente los nombres de cada uno. De hecho, doy un premio a cualquier estudiante que me diga los nombres de todos los alumnos de la clase al final de la actividad. Permito que lo hagan en cualquier momento durante la primera semana. Creo que es fundamental que los alumnos conozcan al menos sus nombres si queremos construir un entorno con un alto nivel de relaciones.

Al final de clase, les doy las gracias por haber venido, y, después, les digo más o menos lo siguiente: «Seguro que no querréis faltar mañana. Al comienzo de la clase se producirá algo realmente loco. Podéis estar aquí y verlo o simplemente oírlo cuando regreséis». Te juro que les suscita la suficiente curiosidad como para *querer* venir a clase al día siguiente.

Quiero hacer una pausa para comentar el tema de la construcción de las relaciones, con los alumnos y entre ellos. Hace varios años, aprendí por las malas que muchos alumnos ni siquiera conocen quién está sentado en clase con ellos. Pedí a tres alumnos que me ayudaran a devolver unos trabajos durante los últimos minutos de clase. Cuando sonó el timbre, me trajeron un montón de trabajos. Me quedé horrorizado al descubrir que no los habían devuelto, no por falta de tiempo, sino porque no sabían quiénes eran los destinatarios. Ten en cuenta que esto estaba ocurriendo a mitad del curso escolar. Yo estaba de viaje por el país, hablando sobre cuestiones como la construcción de relaciones, y tenía alumnos que ni siquiera conocían el nombre de quien estaba sentado detrás. Desde entonces, me empeñé en hacer hincapié en aprender los nombres como parte de lo que hago durante los primeros tres días. Convertirlo en una competición ayuda a conseguir cierta involucración.

SEGUNDO DÍA

El segundo día comienza con mi ritual de apertura, que formaba parte de su «entrenamiento en los buenos días» del primer día. Después, apago las luces, regreso al frente del aula y me transformo en un aeroplano. Vuelo a toda velocidad en torno al aula dos veces con mis brazos extendidos y haciendo oír totalmente mi motor de reacción. Al regresar al frente para terminar la segunda vuelta, hago como que choco y me arrojo al suelo rodando un par de veces. Al levantarme hasta la altura de mis rodillas, actúo como si estuviera inspirando aire y nadando como un perrito en el agua. Alterno entre hundir mi cabeza bajo el agua haciendo los sonidos correspondientes y salir a la superficie después para respirar. Me muevo con furia y grito que veo un bote salvavidas… y, después, «nado» por el suelo hacia él. Tiro del cordón, hago el ruido de inflarlo y salto a él. Comienzo a hacer subir a personas imaginarias al bote, luchando por cada una de ellas hasta que cuento y tengo a diez supervivientes.

A continuación, (¡cuidado con este paso!) me desmayo, aturdido, durante un largo período de tiempo. Créeme en esto, el segundo día de clase con un profesor desmayado en el suelo después de estrellarse en un aeroplano y nadar sobre el suelo, un largo periodo de tiempo desmayado y aturdido ¡es muy breve! Recupero la consciencia, finjo ver una isla, y, después, remo hacia ella. Arrastro el bote hasta la playa y descubro que es una isla desierta.

Después de algunas acciones secundarias, hago el sonido de un helicóptero, le hago señales, y simulo el torbellino de su aterrizaje. Me convierto en el piloto, salgo del aparato y les digo a los supervivientes que nunca he visto esta isla en ningún mapa. Me desvié de la ruta y no estoy seguro de ser capaz de localizarla de nuevo. En el helicóptero caben solo cinco pasajeros, así que cinco regresarán a territorio seguro y cinco tendrán que sobrevivir en la isla. Le corresponde a la clase decidir quiénes se salvarán y quiénes serán abandonados. Tienen que organizarse en grupos de colaboración de tres o cuatro alumnos cada uno y llegar a un consenso.

Les proporciono una lista de los diez personajes que han sobrevivido al accidente. Cada uno de estos personajes está diseñado para provocar el debate sobre si deberían permanecer en la isla o irse. Por ejemplo, uno de ellos es una botánica que también es madre soltera y tiene dos hijos pequeños. Algunos querrán que se quede en la isla por su conocimiento de las plantas y otros que regrese junto a sus hijos. Otro es un asesino convicto que está en libertad condicional. Algunos alumnos no querrán darle uno de los cinco asientos para regresar a casa. Otros, en cambio, no serán partidarios de dejar a cuatro personas con él en la isla. La idea general es crear personajes que susciten un debate y diferencias de opinión.

Este ejercicio consigue dos objetivos principales. El primero reside en que los alumnos se quedan pasmados con una presentación extravagante y fuera de lo común que no solo es estrafalaria, sino también muy entretenida. El segundo es la oportunidad que me ofrece para hablar sobre la dinámica de grupos, el proceso colaborativo y los procedimientos que usamos para formar grupos, todo ello en un contexto de una actividad divertida y atractiva que carece de respuestas acertadas o equivocadas. La pregunta sobre quién debe ser rescatado o permanecer en la isla no es importante; lo que importa es el proceso. Yo subrayo que no solo deben llegar a un consenso, sino que tienen que ser capaces de justificar sus respuestas.

Mientras los grupos colaboran, doy vueltas por el aula y vigilo el proceso. Refuerzo la propia dinámica, la regla contra la maldad, y animo a una plena participación. Una vez terminada, cada grupo informa de sus respuestas y responde a cualquier pregunta que pudiera hacerles sobre sus elecciones. Resulta siempre interesante ver lo diferentes que pueden ser las respuestas y cómo varían las justificaciones de un grupo a otro y de una clase a otra. Registro las respuestas en un gráfico dibujado en la pizarra.

Después de dos días, todos los alumnos se han presentado ante todos sus compañeros y han participado en un grupo colaborativo. Además, aún no han visto nada que se parezca a una experiencia ordinaria de clase. Se van preguntándose qué demonios ocurrirá a continuación. Yo te diré lo que ocurrirá; nada más y nada menos que el día singularmente más importante del curso... ¡el tercer día!

TERCER DÍA

De tener que jerarquizar todos los ciento ochenta días de clase en orden de importancia, probablemente situaría a la cabeza el tercer día como el más fundamental del curso. Este es el día en el que explico el método de mi locura y rompo todas las posibilidades de que los alumnos caigan en la profecía autocumplida del fracaso. Les enseño que muchos alumnos han luchado en la escuela y han fracasado antes de llegar a mi puerta. Sé que muchos de ellos se hacen una pregunta sin expresarla y que es absolutamente importante que pueda responderla. Los visualizo sentados ante mí y haciendo esta pregunta en silencio: «¿Por qué voy a tener éxito en su clase si nunca antes lo he tenido?». Hasta que, y a menos que, responda a esta pregunta, no creo que pueda empezar efectivamente mi curso.

El tercer día consiste en un discurso de promoción masivo, lleno de energía y frenético, ideado para convencer a mis alumnos de que mi clase es completamente diferente de cualquier otra que hayan experimentado en el colegio. Y lo más importante es que insisto en venderles el hecho de que pueden, y conseguirán absolutamente, tener éxito. Demasiados alumnos nuestros han sido golpeados por la escuela. Se les ha dicho que no están a la altura. Se les ha hecho creer que sus dones y talentos propios no son valorados por el sistema educativo, porque no se reflejan en las notas de los exámenes. No creen que la escuela respete y honre su individualidad, al contrario, la usa contra ellos como herramienta para forzarles a ajustarse al patrón común.

Cada alumno de tu clase evalúa durante esos primeros días del curso si tu aula es o no un lugar emocional y psicológicamente seguro. Se preguntan si merece la pena dedicar su tiempo y su esfuerzo para darle una oportunidad. Después de todo, es más fácil no hacer todo cuanto puedas y culpar después del fracaso a la falta de esfuerzo, que forzarte a darte cuenta de que realmente no tienes lo que se necesita. Al menos, puedes salvar la cara ante tus colegas cuando fracasas si no lo intentas en primer lugar.

Nada de esto se expresa verbalmente nunca. Sin embargo, si enseñas a la misma clientela que yo, sabes que esto es lo que algunos están pensando. Nuestro trabajo como profesores es abordar los pensamientos no expresados que dan vueltas por la mente de nuestros alumnos. Cuanto antes lo hagamos, mucho mejor.

Mi objetivo es destruir totalmente toda idea que los alumnos puedan tener sobre mi clase, es decir, que mi clase sea más de lo mismo. Hago todo lo posible para convencerlos de que no importa que hayan fracasado antes, porque mi clase es absoluta y completamente diferente. Mi clase ha sido especialmente diseñada para que tengan éxito. Se basa en las últimas investigaciones sobre el cerebro e incorpora increíbles técnicas mnemotécnicas para ayudarles a aprender fácilmente y a memorizar más contenido en menos tiempo. Les explico cómo funciona el cerebro y cómo un entorno de aprendizaje positivo es esencial para que se produzca un pensamiento de un nivel más alto.

Les hablo de los estilos de aprendizaje. Le dedico mucho tiempo a explicar la teoría de las inteligencias múltiples de Howard Gardner. Les pongo ejemplos convincentes de cómo los sistemas escolares han desatendido e infravalorado muchos de estos tipos de inteligencia porque no forman parte del «examen». Les nuestros que los dones y talentos especiales, como la creatividad artística y musical, deberían ser igualmente evaluados en la escuela. Les hablo a los atletas y los bailarines de la inteligencia cinestésica. Les pongo ejemplos de cómo las personas con inteligencia interpersonal pueden encontrarse con dificultades en la escuela, pero tener increíbles oportunidades de éxito en el «mundo real».

No mantengo una actitud despreocupada e indiferente sobre este día. No te equivoques al respecto... ¡Estoy *vendiendo*! Creo que una gran enseñanza incorpora muchas de las mismas habilidades y técnicas usadas con éxito en el arte de vender y del marketing, y yo las uso todas. Al ofrecer un argumento poderosamente convincente y atractivo, intento convencer totalmente a mis alumnos de que tendrán éxito. Repito la historia lo que mejor que puedo. Pero la diferencia entre los profesionales de la publicidad, que repiten historias para los medios de comunicación, y yo reside en que sí estoy convencido de que lo que vendo es algo que merece absolutamente el esfuerzo. Los profesionales de la publicidad gastan miles de millones y dedican horas innumerables para vender a la gente productos que ni por el forro se acercan a la relevancia de lo que yo vendo. Yo vendo educación... un producto que, cambiando la vida, puede transformar el espíritu humano y cambiar, literalmente, el mundo de un alumno a la vez. Es indudable que este producto merece todos y cada uno de los esfuerzos, técnicas y métodos requeridos para convencer exitosamente.

Al menos, quiero que el alumno más problemático y testarudo de mi clase mantenga la mente abierta y diga: «Ok. Quizá este tipo está en lo cierto. Le daré una oportunidad y a ver qué ocurre». ¡BUM! Lo conseguí. Esa apertura es todo cuanto necesito. Después llega la parte divertida: estar a la altura de mi lanzamiento y ofrecer un curso que les deje boquiabiertos y sacuda su mundo.

¿Cómo se consigue? ¡Sigue leyendo!

PREGUNTA
Y ANALIZA

*«Siempre espera una bella respuesta
quien hace bellas preguntas».*

E. E. CUMMINGS

«Lo importante es no dejar de preguntar».

ALBERT EINSTEIN

«Las preguntas son el rayo láser de la conciencia humana».

ANTHONY ROBBINS

Una de las preguntas más frecuentes que me hacen es: «¿Cómo puedo llegar a ser más creativo al diseñar mis lecciones?». Sin embargo, con mayor frecuencia me dicen: «Me encantan todos tus ejemplos, pero ¿cómo puedo añadir estas presentaciones a mis lecciones cuando no soy tan creativo como tú?». Este tipo de preguntas me dice que estoy hablando aún con otra persona que ha caído víctima de lo que llamo *el mito del destello de luz cegadora*. Mucha gente cree que solo existen dos tipos de personas en este mundo, las creativas y las que no lo son. Evidentemente, quienes creen esto son los que ya se han clasificado, por lo general, en la última categoría. Creen que las personas creativas simplemente van de un lado a otro y de repente se les ocurren ideas creativas, algo así como un destello brillante de luz. Se frustran por la ausencia de ese destello brillante en su propia vida. «¡Ojalá pudiera conseguir esos mismos destellos de visión y de creatividad!», dicen lamentándose. «¡No es justo!».

Quizá ciertos tipos de «genios» individuales, como Einstein, reciben esos destellos, pero no es así como se produce la creatividad en la mayoría. En efecto, para la mayoría de personas el genio creativo se desarrolla a través de un duro trabajo, de concentración y de un compromiso constante en el proceso creativo.

¿Qué es este proceso creativo? En gran medida, es el proceso de hacer sistemáticamente las preguntas correctas. Uno de los conceptos que más transforman la vida lo aprendí de Anthony Robbins, orador motivacional y escritor. El concepto se centra en la increíble importancia y relevancia de las preguntas. Los tipos de preguntas que nos hacemos determinan los tipos de respuestas que recibimos. Si haces sistemáticamente preguntas que conducen a un pensamiento creativo y fuera de lo convencional, tu mente te proporcionará respuestas creativas y no convencionales. Hacer las preguntas correctas es como sintonizar la radio con el dial correcto. La mayoría de las personas pasan la vida prestando atención a la «interferencia creativa» porque no han conseguido sintonizar adecuadamente su mente con la emisora correcta. De hecho, la mayor parte de las personas ni siquiera se dan cuenta de que poseen la habilidad para ser creativas, porque ni siquiera se molestan en poner la radio.

La calidad de tus preguntas determina la calidad de tus respuestas, y el tipo de pregunta determina el tipo de ideas que recibirá y concebirá tu cerebro. Un profesor se me acercó después de asistir a uno de mis talleres y me dijo que realmente le gustaban los modos en los que saco mis clases del aula para múltiples lecciones. Siguió diciendo que él no podía pensar en ideas similares para sus clases. La pregunta que le hice a continuación puso de manifiesto la razón que le impedía avanzar. Le pregunté: «Cuando preparas las lecciones, te preguntas: "¿Hay alguna forma de sacar mi clase fuera del aula para esta lección?", o te has preguntado: "¿Dónde está el mejor lugar del recinto escolar para impartir esta lección?"». Obviamente, respondió que no. ¿Cómo podía esperar encontrar un modo creativo de dar su clase fuera si nunca se hace la pregunta? Estaba esperando el destello de luz cegadora. ¿También tú?

Si te preguntas: «¿Dónde está el mejor lugar del recinto escolar para impartir esta lección?», podrías descubrir que el aula no es la respuesta. Pero nunca lo sabrás si no te lo preguntas. Podemos modificar y perfeccionar las preguntas para hacerlas mejor. Por ejemplo, «¿Cómo puedo conseguir sacar a mi clase del aula?» es mejor que «¿Hay alguna forma de sacar mi clase fuera del aula?», porque la última permite a la mente tomar la salida fácil y decir simplemente: «No». Incluso mejor podría ser preguntar: «¿De cuántas maneras puedo sacar a mi clase fuera para esta lección?». En este último caso, lógicamente, la pregunta conduce a la recepción de múltiples soluciones más que conformarse con solo una. La habilidad de manipular las preguntas para que sean más efectivas es esencial con vistas al éxito en el proceso creativo.

Otro profesor se me acercó después de un taller, frustrado por su incapacidad para pensar en ideas creativas para escribir el «mensaje de la pizarra». Le hice la misma pregunta: «¿Te has preguntado alguna vez: "¿Qué podría escribir en la pizarra para que esta lección provoque una conversación o suscite un murmullo incluso antes de que suene el timbre?"». Podéis adivinar su respuesta. Las ideas creativas no caen del cielo, sino que proceden de un compromiso en el proceso creativo. Este proceso fundamental comienza cuando haces los tipos correctos de preguntas y, después, buscas activamente las respuestas.

Lo que experimentamos en nuestra vida es un resultado directo de nuestra atención. Consideremos una experiencial real que demuestra esta verdad. Piensa en si puedes identificarte con ella. Hace varios años, mi familia inició la etapa del monovolumen. Con dos niños pequeños, necesitábamos una forma más amplia de transporte; mi esposa decía que necesitábamos pensar en hacernos con un monovolumen. No sabía absolutamente nada de estos coches. Nunca había conducido uno y ni siquiera conocía las marcas. Y, que recuerde, nunca había montado en ninguno. Hasta ese momento, la cantidad de tiempo dedicada a pensar en los monovolúmenes era exactamente cero. Después de buscar un poco en línea, visitamos el concesionario de Honda para probar un Odyssey. Honestamente, puedo decir que no tenía ni idea de qué era un Odyssey hasta aquel día. Después, cruzamos la calle para probar un Sienna en el concesionario de Toyota. Preferí el Odyssey, así que regresamos al concesionario de Honda y compramos un flamante Odyssey metalizado.

Justo aquel día, en aquel momento, sucedió algo increíble. Miles y miles de personas se hicieron con un Odyssey al mismo tiempo que yo. ¡Los veía por todas partes! De vuelta a casa adelantaba a uno tras otro. Uno aparecía en el tráfico en sentido contrario. Me paraba en el semáforo justo detrás de otro. Miraba por el retrovisor y me encontraba con otro detrás de mí. En el supermercado, aparcaba entre otros dos. Tres veces, desde mi compra, he abierto realmente la puerta del Odyssey de otra persona. ¿Has tenido la embarazosa experiencia de encontrarte con cosas de alguien desconocido en el coche cuya puerta acabas de abrir? Yo sí, y lo único que puedes hacer es cerrar inmediatamente la puerta, huir y esperar que nadie te haya visto meterte en el coche de otro.

Sé que sabéis la respuesta a esta pregunta, pero, no obstante, la haré: ¿Se compraron todos un Odyssey el mismo día que yo? ¿No? ¿Queréis decirme que todos los Odyssey estaban ya en circulación? ¿Sí? Entonces, ¿por qué nos los veía?

La respuesta revela algo increíble sobre la mente humana. Se nos bombardea con tanta información y estímulos que nuestro cerebro no puede procesarlo todo. Sencillamente, no podemos entender el mundo sin un filtro mental. El cerebro aprende a prestar atención a aquellos estímulos que cree que son importantes para ti y a borrar, o filtrar, todo lo demás. Hasta que necesitamos un monovolumen, los Odyssey no me importaban. Nunca centré mi atención en ellos, ni de pasada, así que estaban registrados en mi cerebro como «coche» en sentido genérico. Una vez que tuve uno y formó parte de mi vida, mi cerebro automáticamente les prestaba atención y los registraba como algo especial y diferente de un simple coche.

Estoy seguro de que tenéis experiencias semejantes. En cuanto te implicas o te interesas por un nuevo tema, inesperadamente, ves un artículo sobre él, oyes y ves noticias al respecto, y escuchas a otros discutiendo sobre el tema. Tu sistema de activación reticular (SAR), el mismo sistema neurológico que filtra estímulos innecesarios, comienza a buscar y a identificar pensamientos, imágenes, palabras, personas y lugares que antes no advertías. De repente, tu radio mental –tu SAR– detecta una frecuencia totalmente nueva y sintoniza con el tema que te interesa.

El mismo principio se aplica a las ideas creativas. Al igual que en el caso de los Odyssey, las ideas creativas están alrededor nuestro todo el tiempo. La inspiración creativa está constantemente a nuestra disposición, pero nunca la veremos si no probamos a forjarla activa y sistemáticamente. Al hacer las preguntas correctas, sintonizas tu SAR con tu necesidad de inspiración y soluciones creativas. Repentinamente, la claridad y la creatividad parecen inevitables.

Fui testigo del poder de este poder neurológico en acción en un viaje reciente que hice a Mobile, en Alabama. Estaba dirigiendo un taller de tres días para profesores de Ciencias Sociales integrados en el Mobile County School System. Mi amigo Nate Smith, el coordinador de Ciencias Sociales, organizó el evento en el precioso museo de Mobile. Después de la larga jornada de trabajo, los profesores fueron a dar una vuelta por el museo. Queríamos que vieran este excelente, aunque infrautilizado, recurso local, que era perfecto para salidas escolares.

La sala del taller se encontraba en el primer piso, al otro lado del pasillo de la tienda de regalos del museo. En nuestro primer receso, muchos profesores exploraron la tienda, pero muy compraron algo. Más tarde, hablamos del poder de añadir garfios a las exposiciones de clase y comenzaron a comprometerse activamente en el proceso creativo. Durante el siguiente receso, los profesores regresaron a la tienda. En esta ocasión, veían casi todo como un potencial apoyo para una lección o un medio creativo para comprometer a la clase. Muchos se me acercaban durante aquellos tres días para mostrarme lo que habían comprado y para explicarme cómo planeaban usarlo. Los profesores salían del museo cada tarde con bolsas de la tienda llenas de todo tipo de artículos. ¡Debería haber recibido una comisión!

¿Qué había cambiado entre la primera visita a la tienda, en la que nada les parecía interesante, y la siguiente, en la que todo albergaba un potencial como apoyo o herramienta escolar? El inventario era el mismo. De hecho, eran los mismos artículos que, al principio, no percibían como algo relevante o relacionado con ellos. *Después* de implicarse en el proceso creativo, los mismos profesores experimentaron el mundo de un modo completamente diferente. Al cambiar su centro de atención y activar el genio creativo que habita en cada uno de nosotros, se vieron transportados a un mundo de abundancia, un mundo en el que podían hacerse con las increíbles ideas que les rondaban.

Esto puede ocurrirte a ti. La creatividad raramente está relacionada con la genialidad natural o innata. Lo más frecuente es que surja de una atención dirigida adecuadamente, de una concentración tipo láser, del esfuerzo constante y del trabajo duro. Los de fuera ven los resultados maravillosos, pero apenas saben algo de la sangre y del sudor derramados a puerta cerrada. La gente tiende a romantizar la genialidad creativa, pero la realidad no es nada romántica. Como toda destreza, requiere práctica y esfuerzo. Nadie da por supuesto que un médico, un científico espacial o un ingeniero excepcionales, han obtenido grandes logros «por chiripa». Comprendemos y valoramos los años de estudio, sacrificio y trabajo duro, que han dedicado estos expertos para alcanzar los niveles más altos de su profesión. Sin embargo, cuando vemos artistas excelentes o a personas excepcionalmente creativas, llegamos a la conclusión de que su talento es un don divino o natural. La mayoría de la gente se sorprendería al subir el telón y ver los años del terrible trabajo, de la persecución infatigable de la excelencia y de los enormes obstáculos que los «genios naturales» han tenido que hacer y superar.

LAS SEIS PALABRAS

Cada vez que hablo con un grupo de docentes, en un taller, en una ponencia o en una conferencia, les cuento la siguiente historia. Casi tienes que oírla en vivo y en directo para que tenga pleno impacto e intensidad. Yo soy un conferenciante apasionado y entusiasta, pero cuando cuento esta historia, mi energía e intensidad alcanzan niveles astronómicos. Después, si la gente me habla de una historia de la jornada, inevitablemente se remiten a ella. Mi libro quedaría incompleto si no la comparto. Espero poder hacerle justicia.

Hace varios años, una antigua colega me pidió consejo. Los dos éramos profesores de casi los mismos alumnos, y ella estaba pasándolo mal con el control del comportamiento –y con todo lo demás–. Cuando digo que estaba agobiada, quiero decir que estaba a punto de un colapso nervioso y de abandonar por completo la

> *«Si la gente supiera lo duro que tuve que trabajar para conseguir mi maestría, no le parecería en absoluto tan maravillosa».*
>
> MIGUEL ÁNGEL

profesión. Sabía por los constantes rumores sobre mi clase que estaba teniendo éxito con los mismos alumnos, así que me pidió hablar sobre mis técnicas y estrategias.

Me encanta hablar de estos temas con mis colegas, así que mi respuesta fue automáticamente afirmativa. Nos reunimos al día siguiente, y, durante los cinco primeros minutos de nuestra conversación, dijo seis palabras que me enardecieron increíblemente. Con solo seis palabras dijo dos cosas muy siniestras que conllevan implicaciones muy graves. Después de que me las dijo, le di las gracias, porque estaba reconociendo en mí una cualidad muy deseable. Solo después me di cuenta de por qué sus seis palabras me provocaban una reacción de desagrado. Al dejar la reunión, me golpeó de pronto la naturaleza perturbadora de esas seis palabras, e inmediatamente caí en la cuenta de la razón de mi reacción visceral. Por lo visto, se puede decir mucho con seis palabras.

(Justo ahora, algunos de vosotros estáis dispuestos a gritarme: «¡Dinos ya las seis palabras!». De estar escuchando la historia en directo, estaríais queriendo sonsacarme las palabras. Merece la pena señalar que no es una reacción involuntaria. Elaborar un relato integra elementos de la clásica técnica de la narración. En primer lugar, una presentación anticipada de la historia explica su importancia y su impacto de un modo que, con suerte, ayuda a construir la expectativa. Después, el elemento más esencial de la historia, las seis palabras, se te oculta estratégicamente. La historia podría comenzar con las seis palabras, pero he tomado la decisión de no revelarlas hasta más tarde, con el objetivo de crear una tensión dramática. Todos estos elementos son ejemplos de lo que puede hacerse cuando presentas el contenido en la clase. Qué fantástica ocasión te brinda el hecho de que tus alumnos estén dispuestos a estrangularte si no le cuentas el verdadero contenido que intentas proporcionarles a trancas y barrancas. Las posiciones cambian en la situación y se produce una dinámica completamente diferente. Regresemos, ahora, a las seis palabras).

Las seis palabras eran… ahora, cuando las diga, algunos pensaréis que no son para tanto, pero otros lo entenderéis inmediatamente. Espero que todos lo comprendáis al final de la historia.

Ella dijo: «Es fácil para ti. Eres creativo».

¡Oh! Permitidme repetirlo. «Es fácil para ti. Eres creativo».

La primera implicación siniestra puede encontrarse en las cuatro primeras palabras: «Es fácil para ti».

¿Realmente es fácil para mí? Así, con cuatro palabras, elimina de un plumazo *dieciséis años* de trabajo duro. Dieciséis años de llenar cuaderno tras cuaderno de ideas, la mayoría inútiles. Dieciséis años de fracasos y lecciones que me explotaban en la cara. Dieciséis años perfeccionando ideas y haciendo ajustes porque lo que pensaba que eran grandes ideas resultaban totalmente erróneas. Dieciséis años de abandonar parte de las lecciones durante la jornada para lograr salvar algo útil.

Me he matado trabajando para hacer una clase escandalosamente atractiva, divertida, pedagógicamente sólida y muy querida por los alumnos. No fue fácil cuando empecé, no fue fácil la semana pasada y no lo será tampoco la semana que viene. La cuestión no es si es fácil, sino si merece la pena. Puedes hacer algo increíble si te esfuerzas desde el principio y te mantienes así hasta que se apaguen las luces y cierres tu puerta por última vez. Pero no será «*fácil*».

El riesgo que corre alguien que ha logrado un nivel alto de habilidad y perfección en cualquier campo es pensar que puesto lo que hace parece ser tan fácil, otros lo verán así. Yo estoy convencido que el concepto de «lo natural» es totalmente erróneo. Solo mediante una práctica incesante pueden estos profesionales inducirte a creer engañosamente que su trabajo es así.

La segunda implicación siniestra puede encontrarse en las palabras quinta y sexta.

«Tú eres creativo».

¿Qué insinúa con esto?

Insinúa dos cosas. En primer lugar, insinúa que poseo una especie de cualidad innata conocida como creatividad. En segundo lugar, y más importante, insinúa que ella *no es* creativa. Puesto que no ha recibido este don particular, se exime de hacer el mismo trabajo duro que hago yo. Su falta de habilidad creativa «natural» la excusa, por tanto, del hecho de que su clase funcione mal. Es su excusa para que los chicos no aprendan con éxito y realicen su potencial en su clase. Y así justifica el hecho de que los alumnos dejen su clase con *menos* afecto al aprendizaje que cuando comenzaron.

¡Oh! Pero no lo justifica. No está bien cruzarse de brazos, resignado, porque no eres naturalmente creativo. Pocos profesores, si es que hay algunos, son innatamente creativos. Sé que estoy siendo duro, pero intento aclarar un punto importante. La enseñanza puede usarse para elevar y motivar o bien como un martillo para golpear y aplastar. Colectivamente, como educadores debemos estar de acuerdo en que formar a la siguiente generación merece tiempo y esfuerzo, y que nuestros alumnos se merecen ser elevados y motivados. La creatividad no es la posesión de una clase especial de artistas, sino que es, más bien, algo que puede cultivarse y desarrollarse en todos nosotros –¡incluidos nuestros alumnos!

> «*Algunos críticos escriben: "Maya Angelou es una escritora con talento natural", lo que es cierto si también se dijera que un cirujano del corazón posee un talento natural*».
>
> MAYA ANGELOU

Pese a lo comentado anteriormente, debo decir, en honor a la verdad, que la profesora a la que me refiero es una mujer excelente que se preocupa mucho por los alumnos y que estaba intentando honestamente mejorar en su profesión. Se horrorizaría al pensar que me estaba insinuando esas cosas, y estoy seguro de que no pretendía ofender. Por eso le di las gracias y continuamos haciendo algunos progresos. Apoyo al cien por cien a cualquiera que quiere mejorar, y la felicito por preocuparse lo suficiente como para buscar orientación y asumir el riesgo de pedirme ayuda.

PERO... sé que tengo que seguir repitiendo esta historia. ¿Por qué? Porque demasiados maestros y profesores usan esas seis palabras como excusa. Un ejemplo. Estaba charlando con varios profesores que asistían a una serie de conferencias en Monterey, California, cuando uno de ellos (¡gracias, Mary!) me dio una idea interesante. Había estado en el aseo de mujeres inmediatamente después de una conferencia y había escuchado a varias hablar de mi intervención. Una de ellas mencionaba la historia de las «seis palabras» y decía que le sentó como una patada en el estómago. Hasta ese momento, había estado sentada allí pensando para sus adentros lo mismo: «Fácil para él, que es el mago de la creatividad. Yo nunca podría llevarlo a cabo». Al escuchar la historia, se dio cuenta de que estaba hablando de ella. Se sintió desafiada a reconsiderar su creencia de que la creatividad es algo que tienes o no tienes. Puesto que pudo relacionarse con las seis palabras y darse cuenta de su falacia, estaba dispuesta a salir de su zona de confort y a darle una oportunidad a algunos de mis métodos.

Esto es todo cuanto pido, una menta abierta y la voluntad de suspender la incredulidad acerca de tu habilidad creativa. Confía en la verdad de lo que te digo. Todos poseemos un potencial creativo increíble. Está aletargado esperando –no, *suplicando*– ser aprovechado. Desde aquel día no he dirigido un taller o impartido una conferencia sin incluir las «seis palabras». No puedes imaginarte la cantidad de personas que se me acercan y me dicen que agradecen la historia, porque han oído expresar en otras ocasiones unos sentimientos similares. No dudes ni un minuto de que eres un manantial creativo del que pronto surgirá un diluvio de ideas extraordinarias que inundarán el mundo.

LA VERDADERA LEY DE LA ATRACCIÓN

Tengo que confesar que os mentí cuando os dije que la teoría del «destello de luz cegadora» sobre la creatividad es un mito. En realidad, no es un mito. Sin duda alguna, *recibirás* inspiraciones creativas inesperadamente y en los momentos más raros, pero solo las conseguirás si te pones a trabajar desde el principio. Los destellos de inspiración solo surgirán cuando hayas «sintonizado» tu mente con la frecuencia correcta implicándote en el proceso creativo y haciendo las preguntas correctas. No te frustres por la ausencia de resultados en una sesión de lluvia de ideas o mientras intentas añadir garfios de presentación creativa a tus lecciones. La participación en el proceso y la creación de una visión del nivel de compromiso escandalosamente alto que deseas de tus alumnos es el primer paso necesario. Después, y solo después, te sorprenderás de que tu cerebro siga trabajando, consciente e inconscientemente, para cumplir tus objetivos y tu visión. Cuando haces las preguntas correctas, tu cerebro no se sentirá satisfecho hasta haber proporcionado las respuestas.

Recuerda que la calidad de tus preguntas es fundamental. No preguntes «¿Cómo puedo hacer soportable esta lección para mis alumnos y mantenerlos despiertos?», a menos que quieras una respuesta que exija lo mínimo. Pregunta, en cambio, «¿Cómo puedo hacer esta lección escandalosamente entretenida, motivadora y poderosa, para que mis alumnos no la olviden nunca y se desesperen por volver a buscar más?». Esta es una pregunta cualitativamente diferente, y conducirá a una respuesta también cualitativamente diferente. Tu cerebro no estará satisfecho hasta haber recibido una respuesta adecuada y correcta.

El problema que tengo con muchas interpretaciones de la Ley de la Atracción es que parecen decir que basta con que desees un coche nuevo para que alguien te lo lleve hasta la entrada y te lo entregue. No es así como funciona. Para que esta ley sea efectiva para ti, tienes que crear una visión de lo que quieres y definir los objetivos que deseas conseguir, y, a continuación, debes comenzar *a trabajar* para ellos. Una vez que tengas la visión, hayas fijado una meta, *y* hayas comenzado a trabajar, te sorprenderá la abundante asistencia que recibes a lo largo del camino. Como William H. Murray dijo agudamente:

> «Hasta que uno no se compromete se mantienen la indecisión y la posibilidad de retroceder, que siempre son ineficaces. Con respecto a todos los actos de iniciativa (y de creación) hay una verdad esencial cuyo desconocimiento mata ideas innumerables y planes espléndidos, a saber, que en el momento en el que uno se compromete

definitivamente, la providencia comienza a actuar también. De la decisión emerge todo un caudal de acontecimientos, haciendo surgir a favor de uno todo tipo de incidentes, encuentros y ayuda material, imprevisibles, que nadie podría haber soñado que se producirían en su vida».

Comprometerse. Comenzar a trabajar. Después, estar abierto. Reconoce esta ayuda providencial cuando llega, y aprovéchala. No descartes las ideas que tu cerebro intenta enviarte. Muchas personas son destinatarias de una increíble cantidad de ideas creativas, pero o bien no las reconocen como tales o no poseen la confianza para llevarlas a cabo. Las ideas son grandes, pero la implementación es la clave para conseguir resultados. En mi versión de jornada completa del seminario *Enseñar escandalosamente* como también en el taller *Enseñar fuera de lo convencional*, los profesores pasan tiempo trabajando en grupo en una lluvia de ideas sobre sus lecciones. Usan una herramienta de creatividad desarrollada por mí que se llama «*The Ultimate, Kick Butt, No-Holds-Barred, Super Turbo-Charged Lesson Plan Brainstorming Power Pack System*» [El Sistema de energía definitivo, arrasador, sin restricciones y super-turbo para un plan de lluvias de ideas sobre la lección] (Lo siento, ¡a veces me dejo llevar por el creativo publicitario que llevo dentro!). En estas sesiones he visto surgir ideas increíblemente creativas para planificar las lecciones; ideas que no sirven para nada a menos que esos profesores den los siguientes pasos del proceso creativo. Para marcar la diferencia en tu clase, tienes que desarrollar tus ideas, y, finalmente, implementarlas ante tus alumnos. Basándome en la respuesta de profesores de toda la nación, sé que muchas de estas ideas y estrategias han salido de la hoja de papel que recoge la lluvia de ideas y han llegado a las aulas, que es el lugar al que pertenecen. Aún recuerdo haber recibido un correo electrónico, acompañado de imágenes, de Mary Bears-Sylvia, una maestra que asistió a un seminario *Enseñar escandalosamente* super-abreviado de una hora. Recibió la inspiración creativa y tuvo la valentía de ponerla en práctica. Se le ocurrió una idea, la desarrolló y la llevó a cabo en su clase *dos días* después del seminario. ¡Esto es implementación!

Probablemente habéis oído la historia del hombre que permaneció en el tejado de su casa durante una inundación, esperando que Dios lo salvara. Llegó un bote de rescate para recogerlo, y dijo que estaba bien y que Dios le ayudaría. Llegó otro bote y el tripulante le rogó que se metiera, pero él rechazó la ayuda. Finalmente, le sobrevoló un helicóptero y le arrojó una escalera, pero se opuso a subir, proclamando su fe en el Señor. Las aguas cubrieron el tejado y él se ahogó. Al entrar en el cielo estaba indignado y se enfrentó con Dios diciéndole: «¿Cómo pudiste dejarme morir en el tejado con la gran fe que he tenido en ti?». Dios le replicó: «Anda ya, ¡si te mandé dos botes y un helicóptero!». No seáis como este tipo. Aprovechad las ideas y las oportunidades creativas que surgen en vuestro camino, y, a continuación, ¡implementadlas! La Ley de la Atracción es real. Vuestros pensamientos son mágicos y tienen el poder de manifestar vuestros sueños, pero *no* sin que participéis activamente en el proceso.

DISEÑA UN SISTEMA PARA CAPTURAR IDEAS

El subconsciente no trabaja al mismo ritmo que la mente consciente. Las ideas brillantes se te pueden ocurrir en las circunstancias más extrañas, en la ducha, en el gimnasio, mientras conduces el coche, en el supermercado, en un paseo y mientras te cortas el pelo. Algunas de mis mejores ideas se me ocurren mientras friego los platos, limpio la casa o cuando hago otras actividades, es decir, cuando la mente consciente está en piloto automático. Puesto que estas ideas emergen a menudo inesperadamente, tienes que estar siempre preparado para capturarlas. No digas: «La escribiré cuando llegue a casa». No lo harás. De hecho, puede que ni siquiera te acuerdes de haber tenido una idea. En su lugar, inventa un sistema para capturarlas y organizarlas inmediatamente de modo que no las pierdas para siempre.

Se me revuelve el estómago cuando pienso en todas las ideas que he perdido porque estaba seguro de que las recordaría. A veces veo a antiguos alumnos que mencionan algo que recuerdan de una clase dada hace años. Inevitablemente pienso: «¿Por qué ya no lo hago?». Pues no lo hago porque no lo puse por escrito y me olvidé de lo eficaz que fue para la lección ese elemento particular.

Para impedir la evaporación de la idea, desarrollé la costumbre, hace años, de llevar siempre conmigo una tarjeta y un bolígrafo en el bolsillo, para anotar pensamientos e ideas que quería recordar. Al vacía mis bolsillos cada tarde, ponía las notas donde pudiera encontrarlas después (un archivo, un cuaderno, etc.). Ahora que tengo un smartphone, he pasado a usar una aplicación para tomar notas con la misma finalidad. Existen numerosas aplicaciones extraordinarias, como Evernote, que pueden ayudar para capturar y organizar tus ideas. Cualquiera que sea el sistema que elijas, asegúrate de tenerlo siempre a mano y de que realmente lo usas. No compres un sofisticado bloc de notas ni una aplicación complicada que nunca usarás. Cuanto más sencillo sea tu sistema para capturar ideas, mejor será. Elige algo práctico, sin que importe la apariencia.

Tu sistema no tiene que ser de alta tecnología. Yo suelo crear una carpeta de archivo de papel manila o un cuaderno de tres anillas para cualquier proyecto. Aún poseo el cuaderno que usé cuando desarrollé por primera vez el primer seminario *Outrageous Teaching* y todo el aparato nemotécnico de PIRATA. Tiene pestañas para cada letra y está lleno de ideas y pensamientos aleatorios y de resultados de lluvia de ideas. Llenaba las carpetas de tarjetas y de trozos de papel con citas y recordatorios. Años después, puedo mirar hacia atrás y ver todas las posibilidades que pensé cuando estaba creando el sistema *Enseña como un pirata*.

HACERLO FÁCIL

Lo importante de tu sistema de captura de ideas, como también de su implementación, es que sea sencillo y fácilmente accesible. Cuantos más pasos tengas que dar antes de que puedas ser realmente productivo, menos probabilidad tienes de ser sistemáticamente eficaz. Por cierto, también es un hecho que se verifica en los programas de fitness. Un estudio reveló que la distancia a la que se encuentra tu gimnasio está en correlación directa con la frecuencia con que lo usas. A mayor distancia, menor es la probabilidad de que vayas asiduamente. Lo sé por mí. El gran cambio que hice cuando comencé a perder los dieciocho kilos de exceso de peso fue salir a caminar. La razón era sencilla: todo cuanto tenía que hacer era abrir la puerta y salir. Cualquiera que sea el sistema para grabar tus ideas, organizar tus pensamientos y desarrollar los planes de implementación, asegúrate de que sea rápido y fácil de usar.

Para escribir este libro, decidí seguir mi propio consejo. Me compré un Mac Air, para poder trabajar en cualquier parte. Cuando estaba conectado a mi ordenador de mesa y en un lugar determinado, conseguía muchos menos resultados. Ahora escribo en aviones, en cualquier habitación de la casa (importante cuando tienes hijos pequeños), y, literalmente, en cualquier parte del mundo. Estas palabras las estoy escribiendo durante las vacaciones de primavera en Puerto Vallarta, México. Cuanto más te facilites el trabajo, mayor será la probabilidad de que lo hagas.

El desarrollo de un sistema de captura de ideas tiene una ventaja adicional. Te estás diciendo a ti mismo que, efectivamente, conseguirás ideas creativas, lo que se convierte en una profecía autocumplida. Capturar tus pensamientos confirma su valor, pues es un acto que envía a tu subconsciente el mensaje sutil y poderoso de que el esfuerzo invertido en la generación de una idea no se desperdiciará.

¿FRACASO O *FEEDBACK*?

Anteriormente comenté que he dado lecciones que me estallaron en la cara y que he cometido una larga serie de fracasos en la clase. ¡Es absolutamente cierto! He tenido fracasos de leyenda. He tenido que dejar que se produjera un desastre después de otro mientras intentaba desarrollar e implementar mis ideas.

> «*Solamente los que se arriesgan a llegar demasiado lejos son los que descubren hasta dónde pueden llegar*».
>
> T.S. ELIOT

Ni siquiera estoy completamente satisfecho con todas las lecciones de la semana pasada, porque sé que podrían haber sido mejores.

Son gajes del oficio. Si no has fracasado en clase recientemente, no estás traspasando los límites suficientemente. Las lecciones «seguras» son, en el mejor de los casos, una receta para la mediocridad.

La clave para fracasar sin abandonar es desplazar tu paradigma, a saber, no creer que existe tal cosa como un verdadero fracaso, sino que solo hay *feedback*. Cuando tienes la visión de cómo quieres que sea tu clase, puedes entonces analizar los resultados. Usa esos resultados, también conocidos como *feedback*, para mejorar. Por ejemplo, si adviertes que tu clase no se motiva por tu exposición, no ayuda ni empodera el culpar a tus alumnos. Obviamente, si no están motivados, te están proporcionando un *feedback* esencial: lo que estás haciendo no es motivador para esta audiencia en ese día. Trata de evaluar y aprender de ese *feedback*, sin tomarlo como algo demasiado personal. Hacerlo te permite realizar ajustes y mejorar tus siguientes exposiciones. El profesional verdaderamente habilidoso posee la agudeza sensorial para leer el nivel de motivación y compromiso de la audiencia y realizar los ajustes en tiempo real sobre la marcha. Este es el objetivo fundamental, y, aunque difícil, puede alcanzarse. No te encierres tanto en lo que estás haciendo y en el siguiente punto de tu agenda que no logres ver el *feedback* que te están proporcionando constantemente tus destinatarios.

Aún recuerdo cuándo, siendo joven, leí el libro *Psico-cibernética*, de Maxwell Maltz. Me impactó profundamente la comparación que hace entre el modo en el que el ser humano consigue sus metas y el modo en el que los misiles y torpedos golpean sus objetivos. Decía Maltz: «El torpedo cumple su propósito siguiendo hacia adelante, cometiendo errores, y corrigiéndolos constantemente. Mediante una serie de zigzags alcanza literalmente a tientas su objetivo». De hecho, la probabilidad de que el misil no alcance su objetivo es mucho mayor que lo contrario. Y, sin embargo, llega y golpea su objetivo, gracias a los constantes ajustes que hace basándose en el análisis continuo que el *feedback* le proporciona. Asimismo, el camino para lograr una buena enseñanza se parece a las instrucciones para lavarte el cabello: probar, fallar, ajustar, probar, fallar, ajustar... enjabonarlo, aclararlo, repetir.

> *«Solo aquellos que se atreven a tener grandes fracasos terminan consiguiendo grandes éxitos».*
>
> ROBERT F. KENNEDY

Después de dirigir un seminario recientemente, se me acercó una mujer y me dio las gracias por admitir que sigo fracasando. Me dijo que se sentía intimidada al escuchar a conferenciantes de formación permanente hablar como si sus clases fueran perfectas. Estos conferenciantes no dicen nada sobre las pruebas y las tribulaciones que experimentan y que todos sabemos que forman parte de esta profesión (¡y de todas!). Quizá les preocupe perder credibilidad si muestran vulnerabilidad, pero están completamente equivocados. Mi objetivo es proporcionar un análisis realista de la clase, y esto no puede hacerse sin hablar de los fallos y los fracasos.

Yo opino que una empresa que no albergue la posibilidad del fracaso no puede lograr nada relevante. La idea del curso académico perfecto no existe (gracias a Dios). Pero no permitas que te impida intentar algo nuevo. Anímate para extralimitarte y alcanzar nuevas cumbres. Eso sí, acuérdate de llevar muchas vendas para las rodillas que te magullarás a lo largo del camino.

ALQUIMIA CREATIVA

Conocer bien e involucrarnos en una amplia variedad de intereses nos proporciona las materias primas que necesitamos para lo que llamo Alquimia Creativa. Con demasiada frecuencia, la gente cree que la creatividad es una habilidad esotérica que implica hacerse con ideas completamente originales que vienen del cielo. Sin embargo, raramente funciona así. Yo comparo la creatividad real más con estas definiciones de alquimia del diccionario:

Alquimia:

1. El proceso mágico de transmutar una sustancia común, en general de poco valor, en una sustancia de gran valor.
2. Un proceso por el que se logran resultados paradójicos mediante la combinación de elementos incompatibles.

Dedica más tiempo a lo que te apasiona, a tus aficiones y a las actividades al aire libre, y busca después las formas de incorporarlos a tu clase. Cultiva nuevas aficiones y observa cómo explotan nuevas zonas de tu cerebro con resultados creativos. Observa cómo se ilumina tu vida con nueva energía al reavivar los sentimientos que tenías por las pasiones de cuando eras más joven. ¡Crece! Prueba cosas nuevas y haz las que tienes pendientes en tu lista. Percibe el mundo a tu alrededor y trátalo como lo que es, un suministro abundante de ideas creativas. No solo es bueno para tu vida… es excelente para tu enseñanza. La exploración del mundo y de tus pasiones te permite aportar una nueva perspectiva y una nueva energía en tu clase. Te permite convertirte en un modelo para tus alumnos. Siempre decimos que queremos que sean personas que aprenden a lo largo de toda su vida, así que nosotros debemos ser ejemplo de eso mismo.

El estancamiento creativo es a menudo un resultado de:

1. Una falta de disposición a aventurarse fuera de nuestra especialización.
2. Una incapacidad para ver cómo ideas aparentemente sin relación pueden combinarse en algo nuevo y poderoso.

Pienso que los mejores libros sobre enseñanza raramente se encuentran en la sección de educación o pedagogía. Siempre tengo tres o cuatro libros en mi mesita de noche, otro en mi coche, otro en mi cartera y varios más en mi móvil. Considero que una de las partes más importantes de mi trabajo consiste en exponerme al pensamiento de alta calidad de otras personas. Me desafía, me mantiene al día, me proporciona las materias primas necesarias para la alquimia creativa.

Mis intereses ajenos a la escuela son amplios, variados, y siguen aumentando. Presento algunos ejemplos: magia, papiroflexia, ajedrez, baloncesto, *fitness*, emprendimiento, marketing directo, medios de comunicación social, música rap, éxitos literarios, hablar en público, los derechos civiles, y, más recientemente, el cubo de Rubik. Cuando solo me centro en mi enseñanza, prácticamente no soy tan creativo como cuando encuentro tiempo para llevar a cabo mis extrañas obsesiones.

En todas partes encontramos ejemplos de alquimia creativa. El jazz se inventó mediante alquimia creativa. El *rock and roll* también. El rap igual. Perdonadme que delate mi edad, pero aún recuerdo cuando la Run DMC añadió una guitarra de rock a muchas de sus canciones raperas y creó un nuevo sonido.

Los artistas aumentan su creatividad experimentando con medios diferentes. Los músicos experimentan momentos decisivos de creatividad después verse influidos por otras bandas, artistas y estilos. Los profesionales del marketing diseñan campañas brillantes después de exponerse a los métodos de otras industrias y buscar después la forma de aplicarlos a sus proyectos.

Veamos la alquimia en acción:

1. Hace años que incorporé la papiroflexia (uno de mis intereses extraescolares) en mi clase de Historia, pero me sentía siempre frustrado por no saber qué hacer con la estrecha tira de papel que sobraba después de cortar doscientos trozos de papel en cuadrados.

2. También me he frustrado hace unos pocos años con la simulación de la línea de montaje realizada por Henry Ford en la década de 1920. No me gustó el resultado final de la actividad y, de hecho, dejé de hacerla durante un par de años.

3. Hace dos años, vi a un alumno hacer un «helicóptero» de una tira de papel. Le pedí que me enseñara, y la puse en mi archivo de ideas para usarla en algún momento futuro.

Después de dos años, repito, dos años, la alquimia creativa obró finalmente su magia. (¿Cuánto debes esperar para tener una idea buena? El tiempo que haga falta). Ahora, uso las tiras de papel como la materia prima que necesito para convertir cada clase en varios equipos rivales dedicados a hacer líneas de montaje de helicópteros durante la lección dedicada a Henry Ford. Resolví el problema de las tiras de papel desperdiciadas, el problema de la línea de producción y el problema de cómo usar el principio genial que me enseñó un alumno. Lo intenté por primera vez este semestre y creo que será un tesoro. ¡Alquimia!

No caigas en la trampa de pensar que el tiempo dedicado a desarrollarte a ti mismo como persona equilibrada con múltiples facetas, por encima y más allá de tu función como docente, es un tiempo perdido o algo que te hace sentirte culpable. Es *esencial* y será muy fructífero no solo en tu vida, sino también en tu clase.

TRANSFORMACIÓN

«Ofrece a tus alumnos una experiencia extraordinaria y ellos te recompensarán con un esfuerzo y una actitud extraordinarias».

DAVE BURGESS

La escuela es para muchos alumnos un lugar de monotonía, de trabajo soporífero y un rollazo que mata el alma. Cuando pienso en un día escolar típico, entiendo completamente por qué muchos de ellos no quieren estar allí. Con demasiada frecuencia, la escuela es un lugar en el que se asesina sistemáticamente la creatividad, se impide la individualidad y el aburrimiento campa a sus anchas. Solo existen realmente dos posibilidades: o bien puedes hacer de tu clase un oasis con respecto a todo eso o bien puedes hacer de ella un factor potenciador. Yo estoy totalmente comprometido con que mi clase sea un oasis.

Quiero que mi clase sobresalga en el mar de la uniformidad, que es el paisaje escolar. Quiero que mi clase sea, como dice Seth Godin, una *vaca púrpura*. En el libro con este título, escribe Setht: «Merece la pena hablar de algo extraordinario. Destacarlo por ser excepcional, nuevo e interesante. Es una vaca púrpura. La parte aburrida es invisible. Es una vaca marrón». Aunque su libro se escribió para profesionales del marketing, confirma mucho de cuanto creo que es verdad en el campo de la enseñanza.

Los estudiantes se ven golpeados con tanta información y estímulos cada día que para destacar en sus mentes debes ser excelente. *Excelente* significa que eres tan excepcional y diferente que la gente habla de ti, en el buen sentido. No es suficiente ser meramente bueno; tienes que ser extraordinario. Yo siempre me propongo que se hable de mi clase cuanto más mejor en el colegio y para se produzca el máximo entusiasmo en las conferencias. No se trata de inflar el ego, sino de *eficacia*.

Destacar entre la muchedumbre es el único modo de garantizar que tu mensaje sea recibido en una cultura donde la distracción va en aumento y las capacidades de concentración se desploman. Si sientes que tu mensaje es importante, y yo lo siento, merece la pena el esfuerzo de recurrir a lo que sea para asegurarte de que se comunica con éxito.

Muchísimos colegios están llenos de clases con vacas marrones que no se hacen notar. Yo estoy centrado e inmerso incesantemente en el esfuerzo orquestado de ser la antítesis de la vaca marrón. Hace bastantes años, escribí sobre cómo quería que mis alumnos vieran mi clase. Escrito a través de la mirada de un alumno ficticio, refleja las cartas y los comentarios que he recibido de alumnos reales.

«Mientras caminaba hacia el aula SS-9 como nuevo alumno del señor Burgess, me sentía lleno de una abrumadora sensación de expectación. Había oído hablar de su reputación, había oído hablar a mis colegas de historias extrañas, y yo mismo había visto los extravagantes disfraces que vestía mientras caminaba por el colegio. No era posible en modo alguno que pudiera cumplir con todo cuanto se decía de él, y, sin embargo, después de unas pocas semanas, me di cuenta de que era incluso mejor que lo que se decía sobre él.

Nunca he visto tal nivel constante de entusiasmo en un profesor, ni en nadie. Este hombre siente pasión por enseñar. Es una mezcla sobrehumana extraordinaria de educador, psicólogo, historiador, mago, cómico extraordinario y loco de remate. Algunos días siento que debería pagar la entrada para asistir a su clase, y cada día me sorprendo de lo mucho que he aprendido. Solo espero encontrar algo que hacer con mi vida que me aporte tanta alegría y satisfacción.

Una cosa es cierta, aprender Historia nunca ha sido tan divertido ni tan fácil. Con fácil no quiero decir que no tengamos que aprender mucho, sino que advierto que puedo retener todo el contenido sin mis esfuerzos habituales. Debe ser el resultado de la investigación basada en el cerebro y de las técnicas mnemotécnicas de las que nos habló al comienzo de curso. Incluso he advertido que algunos de mis amigos que siempre parecen incapaces de aprobar entienden lo que se trabaja. Es realmente curioso, son los mismos chicos que se meten en problemas y están a la gresca con los profesores en mis otras asignaturas, pero en esta están progresando. Es casi como si el aire resultara más fácil de respirar en el aula SS-9. Quiero ser honesto… algunos días esta clase es la única razón por la que vengo al colegio».

EL GPS MÁS GRANDE DEL MUNDO: TU CEREBRO

Este ejercicio de escribir una carta me resultó sumamente valioso; te recomiendo que lo hagas. Me permitió hacerme una idea de lo que quiero que los alumnos experimenten en mi clase. Me sirve como meta ideal a la que apuntar conforme avanzo en mi carrera. Cuando me falta la motivación o la inspiración, releo este pasaje pare renovarme en el cumplimiento de la visión.

A la hora de embarcarse en cualquier viaje, el primer paso fundamental es elegir el destino. Con el destino en mente, puedes poner en marcha tu GPS interno y asegurarte de que sigues la dirección correcta. No tiene ningún sentido que conduzcas por las calles de tu ciudad perdiéndote cada vez más y aumentando tu frustración, y, después, tengas el descaro de echar la culpa a tu costoso aparato de GPS, cuando, en realidad, tú no habías introducido el destino. Debes tener una visión de cómo quieres que sea tu clase ideal si quieres tener alguna esperanza de llegar a crearla.

Además de un destino específico, debes tener también una visión exacta de la realidad actual de tu clase. Un GPS no funciona a menos que el sistema pueda determinar tu localización exacta actual y actualizar sus mapas. Cuando tienes una visión realista de tu clase actual y puedes ver las lagunas que tiene con respecto a tu visión final, entonces tienes algo con lo que trabajar.

Robert Fritz describe en su extraordinario libro *Creating* cómo esta brecha entre la realidad actual y la visión crea una cierta tensión. Si estás verdaderamente comprometido con el cumplimiento de tu visión, esta tensión te llevará a trabajar constantemente para cerrar esa brecha. Al saber que no estás cumpliendo con el nivel que te has impuesto, te sentirás incómodo y te resultará inmensamente motivador y gratificante avanzar en la resolución de esta discordancia.

DOS PREGUNTAS PARA SUBIR EL NIVEL

A los participantes en mi seminario les pido a menudo que respondan a las dos preguntas siguientes. Admitir la verdad es un tanto doloroso para muchos. Espero que dediques unos minutos a responderlas. El objetivo en este caso es que pienses en tus expectativas y niveles sobre qué es posible en una clase.

Primera pregunta: Si tus alumnos no tuvieran la obligación de estar allí, ¿darías clase en un aula vacía?

Con otras palabras, si, como en algunos cursos universitarios, no hubiera exigencia de asistencia ni consecuencias por faltar a clase, y tus alumnos solo tuvieran la obligación de aprobar los exámenes, ¿asistirían, no obstante, a *tu* clase cada día? ¿Hay algo en ti y en la experiencia de formar parte de tu clase que atraería a los alumnos? ¿Has creado un ambiente tan singular y tan ameno que los alumnos entran en tu aula como atraídos por un imán? ¿Es tu clase tan cautivadora que los alumnos asistirían un sábado en caso de invitarlos a ir para darles una lección especial? ¿Cambian las fechas de las citas con el médico y de las excursiones para no perderse tu clase? ¿Hacen que sus padres los traigan de vuelta después de las citas con la esperanza de poder llegar al menos a un parte de tu clase? ¿Aguantan para ir a los aseos hasta la siguiente hora porque temen perderse algo inolvidable en tu aula? ¿Intentan saltarse otras clases porque quieren participar en tu lección más de una vez? ¿Llevan a sus amigos a tu clase para que puedan tener la experiencia? ¿Arman un follón en la jefatura de estudios si les cambian el horario y tienen que ir a la clase de otro profesor (aun cuando este sea también genial)? ¿Intentarán colarse en el colegio después de graduarse para participar de nuevo en algunas lecciones? ¿Hablan de cosas que ocurrieron en tu clase años después? Cuando los vuelves a ver al siguiente curso ¿te dicen sinceramente cuánto echan de menos tu clase?

Segunda pregunta: ¿Tienes algunas lecciones por las que podrías cobrar entrada?

¡Anda! Ahora sí que sube el nivel. Debo decirte honestamente que no tengo muchas de estas, pero sí unas cuantas. La lección sobre el «Alunizaje» es sin duda una de ellas. Posiblemente, la «Fiesta de los sesenta», el día del «Speakeasy» [tugurio: taberna clandestina donde se consumía alcohol durante la prohibición oficial en los Estados Unidos] y el día en el que el supervillano de la Amenaza Roja [*Red Scare*, período fuertemente anticomunista en los Estados Unidos durante la Guerra Fría] viene al colegio. Probablemente, «Los juicios de las brujas de Salem», «El sendero de las lágrimas» [el traslado forzado de los choctaw en 1831 y los cheroquis en 1838 al Oeste de los Estados Unidos], y el día en el que «Señor 10» enseña la «Carta de Derechos» [compuesta por las 10 primeras enmiendas a la Constitución de los Estados Unidos]. Sinceramente, creo que en estos días podría poner una caja registradora en la puerta y los alumnos pagarían una pequeña cantidad para entrar. Intento crear tantos de días de este tipo como me es posible y los esparzo a lo largo del curso.

No espero realmente que los profesores sean capaces de responder afirmativamente a las dos preguntas (especialmente a la segunda) con respecto a cada una de sus lecciones. Pero sí quiero que ellos —y tú— usen las preguntas para crear un cambio de paradigma que «suba el nivel». Por tanto, ¿cómo es posible que transformes tu clase hasta el punto en el que puedas responder afirmativamente a las preguntas anteriores? Un medio que uso para lograrlo es difuminar las líneas que separan la educación y el entretenimiento. Dejé de usar el término «edutenimiento» [*edutainment*] porque se convirtió en un cliché, pero aún creo que es bastante preciso para aplicarlo a mi clase. Mi objetivo es, al menos a veces, tener alumnos que se pregunten: «¿Estoy asistiendo a una lección o un espectáculo?». Cuando presento el contenido, intento recurrir a los principios probados y genuinos de la escenificación y la teatralidad para convertir mi clase en un acontecimiento… en un espectáculo. En la segunda sección de este libro, explico con todo detalle cómo incorporar elementos de naturaleza cautivadora en tu clase a diario, y también explico con argumentos sólidos por qué el entretenimiento y la diversión pueden, y deben, ir de la mano con el aprendizaje. La meta es transformar tu clase en algo irresistible para tus alumnos.

POSICIONAMIENTO Y REPLANTEAMIENTO

El posicionamiento adecuado es una de las técnicas clave que se necesitan para transformar efectivamente tu clase en un lugar potente, en el que hay que estar. El posicionamiento es un término del mundo del marketing que hicieron famoso Al Ries y Jack Trout en su revolucionario libro *Posicionamiento: la batalla por tu mente*. Es el proceso por el que creas una imagen y una idea convincente en la mente de los que te escuchan para poner de relieve la particularidad de tu marca, producto o servicio.

Por ejemplo, Walmart está posicionado como el lugar al que ir para encontrar una enorme selección de productos a precios bajos. Por otro lado, Nordstrom está posicionado como un lugar para comprar cosas lujosas y con un servicio al cliente extraordinario. Zappos hizo crecer su negocio usando su legendario (y excelente) servicio al cliente para fomentar el boca a boca y conseguir clientes fijos. Prius está posicionado como la alternativa «verde» para quienes tienen conciencia medioambiental. Puedes enviar un paquete con numerosos servicios, pero ¿a dónde recurrirías si tiene «que llegar sí o sí durante esta noche»? Federal Express es un negocio que se posiciona a través de la rapidez de la entrega. He oído al genio del marketing directo Dan Kennedy hablar sobre la USP [*Unique Selling Proposition*, o Propuesta Singular de Venta] de la Domino's Pizza muchas veces. La afirmación de posicionamiento original era «Pizza recién hecha, caliente, entregada en 30 minutos o menos… Garantizado». Posicionándose de este modo, crearon literalmente una categoría que no existía y la dominaron durante años. No decían que tenían la mejor pizza, pero si eras un universitario que tenía un hambre canina y querías una pizza rápida, sabías exactamente a quien llamar.

Creo que te haces una idea. Así pues, ¿qué tiene que ver el posicionamiento con la enseñanza? Bien, de nuevo, retomo una pregunta que aprendí del programa *Magnetic Marketing* de Dan Kennedy. Es una pregunta que los vendedores deben ser capaces de responder a sus clientes potenciales: «¿Por qué debería hacer negocios contigo entre todas las posibles opciones que tengo?». Para tener éxito en los negocios, debes posicionarte en el mercado de modo que aparezcas como la elección clara frente a todas las alternativas, incluida la alternativa de no hacer nada en absoluto. ¡Esto es exactamente lo que nosotros debemos hacer como profesores! ¿Por qué tienen que molestarse nuestros alumnos para aprender lo que les enseñamos? Para empezar, ¿por qué tienen que fastidiarse prestándonos atención y comprometiéndose activamente? Porque esta es la verdad: no solo luchamos por destacar entre todas las imágenes, sonidos, productos, personas y emociones que compiten por su atención, sino que también luchamos para evitar que se desconecten por completo.

No es fácil. Hay mucho ruido fuera y, afrontémoslo, es duro para nuestras materias competir con la emoción de su «*reality show*» favorito o del drama de la vida real en los pasillos. Resulta fácil ver por qué muchos profesores usan lo que llamo «el enfoque del medicamento». Dicen: «Sé que esto es arduo, pero tenéis que tener paciencia conmigo y aguantarlo, porque aparece en el examen». «Sé que esto es complicado de digerir y no es precisamente divertido, pero si no lo aprendéis no podéis tener éxito en el siguiente nivel». ¡Qué pésima motivación! Sufre este calvario para que puedas responder correctamente unas cuantas preguntas más en el examen. Están posicionando su lección como un medicamento amargo que deben tragarse para ponerse mejor.

¡No posiciones tu materia como si fuera un medicamento con sabor horrible! ¡Posiciónala como si fuera alucinante! Da razones motivadoras que expliquen por qué es importante saberla. «Porque te vas a tener que examinar», no es suficiente. Si no puedes explicar por qué alguien debería prestar atención a lo que dices, quizá no deberías estar diciéndolo.

Yo hago lo imposible para posicionar mi clase como un lugar alucinante y extraordinariamente único lleno de contenidos y actividades escandalosamente atractivas. La posiciono como un lugar que proporciona oportunidades para expresarse creativamente. También procuro posicionar cada lección para que los alumnos puedan personalizar el material y aplicarlo a su mundo. Añado las LCV (lecciones que cambian la vida) para conseguir que mi clase sea significativa y satisfactoria. Después, en el momento apropiado, agrego el factor de entretenimiento y de diversión para culminar. Preparo mis lecciones de modo que incluso el material más difícil se asimile fácilmente, de modo muy parecido al dueño de una mascota que oculta la pastilla en un bocado sabroso. Y no pido disculpas por utilizar todos los trucos del oficio para lograr mis objetivos.

A veces necesitamos cambiar las percepciones de nuestros alumnos sobre el material que enseñamos. El modo para hacerlo se denomina replanteamiento. Esta implica proporcionar un nuevo contexto al material que ayude a destruir las asociaciones negativas que muchos estudiantes traen consigo a la clase. Estoy seguro de que oyes decir cosas como estas: «Odio las matemáticas». «La historia es aburrida». «No sé escribir». «No necesito conocer esto para la vida real». Son algunas de las ideas preconcebidas que los alumnos traen consigo a la escuela. Nuestra tarea consiste en cambiar el paradigma mental replanteando el contenido y su valor y relevancia para su vida.

La verdad es que lo más probable es que los alumnos no odien realmente las matemáticas, sino el modo en el que se las han enseñado en el pasado. Odian las dificultades que han tenido para aprenderlas. Piensan que la historia es aburrida porque un profesor en algún momento la mató con libros y fichas aburridas y lecturas monótonas.

La historia no aburre, pero sí su *clase* de historia. Cuando los alumnos no pueden ver ninguna conexión con el mundo real o el valor de una determinada materia, se preguntan si merece la pena la inversión y el esfuerzo. ¡Y con toda razón! A los adultos no nos gusta sentir que desperdiciamos tiempo y esfuerzo, y los estudiantes no son diferentes.

La siguiente historia es mi ilustración favorita sobre el poder del replanteamiento. Tendría mi hijo unos cinco o seis años, y lo llevé a una pizzería con otras dos familias. La pizzería tenía una pequeña zona de juego para los niños. En esta había también unas cinco máquinas expendedoras de bolas de tipo chicle que contienen premios (pegatinas, juguetes pequeños, calcomanías) en vez de chicles. Mi hijo, Hayden, y dos de sus amigos se acercaron con entusiasmo a las maquinas con sus monedas de veinticinco céntimos. El primer amigo introdujo la moneda y consiguió un pequeño *T. rex* de plástico que brillaba en la oscuridad. Salió corriendo enseñándolo con orgullo y emitiendo rugidos. El segundo amigo tiró de la palanca y consiguió una calcomanía de un dragón arrojando fuego. Agarró a su padre y lo arrastró hasta el aseo para pegársela inmediatamente en el brazo con agua del lavabo. Finalmente, Hayden se acercó a las máquinas y eligió con cuidado aquella en la que echaría el dinero. Pulsó y tiró, y salió una pequeña cápsula de plástico con algo dentro. Me la dio para que la desenroscara y apareció una pulsera dorada con corazones. ¡Qué catástrofe! Sabía que tenía medio segundo para reestructurar esta experiencia de mi hijo o se produciría una crisis de leyenda. Después de todo, una pulsera con corazones es un premio desolador para un niño cuando se compara con un *T. rex* y una calcomanía de un dragón arrojando fuego. No siempre reacciono con tanta rapidez, pero esta vez, sin la menor duda, la puse en alto, la señalé y grité con entusiasmo: «¡¡El tesoro del pirata!!». Me la arrebató y salió corriendo agarrándola y gritando «¡¡¡Sí!!!» a pleno pulmón.

Esto es replantear. A veces lo más importante que hacemos como profesores es tomar los temas, que a muchos de nuestros alumnos les parecen como los equivalentes a las pulseras, y usando pasión, entusiasmo, presentaciones impactantes y creatividad, convertirlos en el tesoro del pirata. La totalidad del sistema *Enseña como un PIRATA* está hecho a medida para ayudar a hacer posible esta transformación.

ENTUSIASMO

«Nada grande se ha conseguido jamás sin entusiasmo».

RALPH WALDO EMERSON

«No existe nada más contagioso en este planeta que el entusiasmo. Las canciones se convierten en algo secundario, lo que la gente recibe es tu alegría».

CARLOS SANTANA

«Si el cuerpo tira, el cerebro seguirá».

DAVE BURGESS

No es accidental que las piedras angulares del sistema *Enseña como un PIRATA* sean la pasión y el entusiasmo. Pienso que la excelencia como profesor empieza sintiendo pasión por lo que haces en la vida y se alcanza gracias al entusiasmo. El entusiasmo es como el lanzador que entra en la novena entrada [última en el béisbol] y amarra la victoria. Si no aplicas nada más de este libro, pero aumentas constantemente tu nivel de entusiasmo en la clase, avanzarás mucho en el juego y serás un profesor mucho mejor. Lo que importa es el entusiasmo.

Incluso en los días en los que los alumnos no se entusiasman con el tema, siguen participando, al menos, porque *expreso mi malestar y cargo contra ellos*. La habilidad para percibir los altibajos del compromiso en la clase, y después contrarrestarlos con un ajuste de entusiasmo, es casi imposible de cuantificar y difícil de enseñar. Es una habilidad que separa a los buenos profesores de los excelentes. Siempre elegiré a un profesor con entusiasmo y con pocas técnicas que uno con brillantes estrategias pero que solo está mirando el reloj. ¿Por qué? Un profesor entusiasta puede aprender técnicas, métodos y estrategias, pero es casi imposible prender fuego en el corazón carbonizado de un profesor quemado.

EL COMPROMISO DE ESTAR EN «*ON*»

¡Hora de confesar! Dejo mucho que desear como docente. No siempre califico puntualmente o proporciono un *feedback* rápido y significativo a mis alumnos. Tiendo a dejar que se amontonen los trabajos y los proyectos, lo que significa que, al final, no los reviso con la misma atención esmerada con la que lo hubiera hecho de haber calificado más sistemáticamente. No soy bueno en organizar e implementar proyectos de grupo a largo plazo. Tampoco lo soy cuando mis alumnos trabajan en grupo, pues me cuesta desglosar el mérito de un modo que haga justicia a todos. No he descubierto el sistema perfecto para abordar aquellas situaciones en las que uno o dos estudiantes hacen la mayor parte del trabajo y los demás se aprovechan. Aún estoy averiguando cómo enseñar a mis alumnos a tomar buenos apuntes. Mi clase mejoraría mucho si incorporo las nuevas tecnologías. Mi lista de deficiencias podría alcanzar una longitud tan vergonzosa que comenzaríais a preguntaros por qué me puedo considerar digno de escribir sobre enseñanza. Dieciséis años en el juego y aún sigo trabajando en ello.

Pese a todas mis deficiencias, sé que destaco en un área importante: el entusiasmo. Me enorgullezco de la rapidez con que *lo aporto* tanto si enseño a una clase de estudiantes como si dirijo un seminario para profesores. Estoy absolutamente comprometido con estar en «*on*» en cada clase del día. Si entras en mi aula a primera hora y regresas a la última, al final de la jornada, verás la misma intensidad en mi exposición. Me enorgullezco de esto casi más que de cualquier otra cosa que haga.

En parte, creo que mi habilidad para estar en «*on*» es una consecuencia de mi experiencia de mago. La mayoría de los magos, y no soy excepción, consiguen sus primeros espectáculos pagados actuando en las fiestas de cumpleaños de los niños. Tengo un sumo respeto a los magos que logran trabajar eficazmente en este campo; ¡es un trabajo duro! A los actores pusilánimes o a los que carecen de habilidades para conectar con el público se los comen vivos. ¿A que suena como dar clase? La actuación es algo así como ser un profesor substituto permanente —uno de los trabajos más duros del mundo educativo—. Por si fuera poco, casi todos los espectáculos son los sábados y los domingos, y un artista con la agenda completa puede realizar cuatro o cinco espectáculos al día. En el cuarto o el quinto espectáculo, lo fácil sería cumplir meramente el trámite, en lugar de empezar de nuevo la representación. Pero, como profesional, no puedes hacer eso. Si no por otra razón, al menos porque sabes que en el fondo de la sala hay alguien con la chequera en mano. Es la madre. Se te paga por *esta* actuación; poco le importa que la fiesta de su hijo sea tu quinta actuación del día. Es la única fiesta por el sexto cumpleaños que tendrá su hijo. Es la única vez que muchas personas, entre los asistentes, verán realmente actuar a un mago profesional ante ellas. Ellas juzgarán, basándose en parte en tu actuación en ese momento, si la magia es una forma de arte por cuya representación merece la pena pagar en otros foros. Los profesionales sienten una enorme responsabilidad al presentar algo especial para esta audiencia particular en este día singular. Lo que hayas hecho antes en el día, o en tu carrera, les importa poco. ¡Tienes que hacerlo *ahora*!

La enseñanza es exactamente lo mismo. Yo podría ser la única persona que hable a mis alumnos de Malcolm X en toda su vida. Me opongo a estafar a un alumno haciendo una actuación mediocre solo porque asiste a clase a última hora del día o bien a primera hora, cuando aún no estoy totalmente despierto. Aunque no hay ninguna madre al fondo del aula con una chequera, en sentido literal, sé que cuarenta madres y una comunidad entera cuentan conmigo. Por eso, tanto si eres mi alumno como si participas en mi taller, te garantizo personalmente que no te estafaré en el apartado del entusiasmo. Aun cuando seas la única persona en la sala, me emplearé a fondo para transmitírtelo.

Para nadie es fácil estar en «*on*» *cada vez* que se encuentra ante una audiencia. Les Brown comparte la siguiente historia en su CD *The Power of Purpose*. Recibió una llamada tardía de un joven que acababa de escucharle y había sentido que Les no había dado lo mejor de sí. Les le dio todo tipo de excusas –quejas sobre las circunstancias en torno al evento, promesas incumplidas de los organizadores, el exiguo número de asistentes–, pero el joven no lo excusaba. Finalmente, Les cedió cuando el chico le echó en cara una frase suya: «*Usted dice*: "Debemos afrontar las circunstancias tal cual son"». Nunca he olvidado esta historia y he prometido que, aun cuando dé todo lo mejor de mí para crear unas circunstancias ideales, no dejaré que lo que está fuera de mi control afecte a mi esfuerzo y entusiasmo.

Me he encontrado en escenarios impresionantemente desafiantes al viajar por todas partes impartiendo talleres y conferencias sobre el desarrollo profesional. Nunca sé qué me voy a encontrar. Una vez di una presentación en una habitación de hotel convertida en auditorio con setenta personas apiñadas por todas partes, también sentadas en el suelo detrás de mí. Mi colega Reuben Hoffman estaba en el pasillo metiendo cada vez más gente. (¡Quebramos muchas normas de prevención de incendios aquel día!). Por otra parte, también he actuado, sin micrófono, ante grupos diminutos esparcidos en enormes gimnasios. Ninguna de estas situaciones es ideal, pero me repito la frase de Les: «Debes afrontar las circunstancias tal cual son». Mi trabajo consiste en ponerme a tono y dar lo mejor de mí mismo para que resulte fantástico.

DOS MODOS DE ENCENDER TU FUEGO

No me parece suficiente decirte solo por qué es importante ser entusiasta y omitir el *cómo*. Lo más importante que aprendí de Anthony Robbins es la relevancia de las preguntas. Muchos de mis métodos para mejorar la creatividad se han inspirado en su trabajo en este área.

La segunda cosa más importante que aprendí de él es cómo controlar y cambiar tu estado. En *Poder sin límites*, explica convincentemente cómo cambiar tu estado mental y emocional casi instantáneamente. Me hice con su idea y la modifiqué y adapté creando algo que me ha ayudado inmensamente en la enseñanza.

El primer paso para cambiar tu estado consiste en aplicar el principio «actúa como si». Aquí se encuentra un gran secreto sobre el entusiasmo que parece tan absurdo que te podrías ver tentado a rechazarlo: a diferencia de la pasión, ¡el entusiasmo puede fingirse! Si no me creéis, ¡preguntadle a Meg Ryan! (me refiero a su interpretación en la película *Cuando Harry conoció a Sally*). Fingir entusiasmo es tan fácil que puedo resumirlo en dos palabras: ¡*representa* el entusiasmo! Aun cuando solo estés actuando al principio, algo sorprendente ocurre durante el proceso. Realmente comienzas a sentirte entusiasmado de verdad, debido al ritmo de tu respiración y al modo como sostienes y mueves tu cuerpo.

¿Quieres sentirte poderoso? Mueve tu cuerpo y respira de un modo poderoso. ¿Quieres tener más seguridad en ti mismo cuando hablas en público? Piensa en cómo se mueve, pronuncia y actúa una persona segura. ¡Hazlo así! Anthony Robbins dice: «Actuar "como si" es más efectivo cuando pones tu fisiología en el estado en el que estarías si fueras ya efectivo». Hay cierta verdad en esta expresión a menudo menospreciada, «fíngelo hasta que te salga». Puedes cambiar inmediatamente tu estado cambiando tu fisiología. Robbins explica el cambio así: «Si adoptas una fisiología vital, dinámica, entusiasta, adoptas automáticamente el mismo tipo de estado. La mayor ventaja que tenemos en cualquier situación es la fisiología –porque funciona muy rápidamente y no falla».

Poseo un ritual para comenzar la clase que me pone en el estado apropiado para ser efectivo (comentado en el capítulo 3, sobre la relación). Incluye múltiples elementos de mi fisiología: la postura, la respiración, la tonalidad y el movimiento. Es mi forma de asegurar que me encuentro en mi estado más poderoso cuando me presento a mi clase. «¡Bienvenidos a clase! ¡Gracias por venir! Me llamo Dave Burgess y seré vuestro anfitrión en este Festival del Aprendizaje». Esta expresión me «ancla» en el estado en el quiero estar. A veces, antes de los seminarios, por ejemplo, uso el diálogo interior para prepararme a hacer una presentación con garra. También uso la música como ancla. Cuando oigo la música pirata sonar en la sala del seminario, me impulsa a colocarme en el lugar adecuado para dominar. La combinación de la música, el diálogo interior y los cambios de postura y de respiración, hace que me sienta absolutamente imparable.

El segundo modo para cambiar tu estado consiste en cambiar aquello en lo que te concentras. Conoces la sensación de estar completamente exhausto, cuando todo lo que puedes hacer es apalancar tus ojos para que se mantengan abiertos y evitar dar cabezadas durante períodos de tiempo cada vez más largos. ¿Qué ocurre cuando recuerdas algo muy importante que olvidaste hacer o cuando suena el teléfono y alguien te comunica buenas noticias? ¿No cambia tu estado en segundos? De repente, ni siquiera puedes pensar en irte a dormir. Sería completamente imposible dormir ahora, porque tu mente está centrada en esa nueva información. ¡Es asombroso! Puedes pasar de un extremo a otro solo con un pensamiento.

Tus días como profesor constan de suficientes experiencias positivas y negativas para hacer que te sientas vigorizado y genial o abatido y deprimido. Tu realidad depende de la elección que hagas entre ambos sentimientos. Unos profesores ven una clase comprometida al noventa y nueve por ciento con niños entusiasmados por aprender y se sienten triunfadores. Otros eligen centrarse en el uno por ciento restante y se sienten fracasados.

Yo sé que no puedo mostrar mi yo más poderoso y efectivo si no estoy en el estado correcto, así que gestiono con cuidado mis pensamientos para mejorar al máximo mi habilidad. Tú no pondrías sustancias químicas destructivas en el depósito de tu coche, así que no elijas centrarte en los pensamientos negativos y destructivos con tu cerebro. Gestionar tu estado es mucho más importante que manejar tu coche, y, sin embargo, la gente se deja arrastrar hacia la basura de la negatividad. Esta tarea es lo bastante ardua como para encima tener que luchar contra la negatividad autoimpuesta. Tendrás que hacer frente a muchos dragones reales como docente, pero no crees otros nuevos.

Cuando te encuentres en un estado de escaso ingenio, usa estos dos modos altamente efectivos para crear un cambio. Cambia tu fisiología y comienza a avanzar de un modo más poderoso e ingenioso, o cambia el centro de tu atención. Recomiendo altamente que se repase la sección sobre la pasión profesional del capítulo primero, para obtener grandes ideas en las que centrarse para crear un estado más ingenioso y entusiasta.

¡PROPAGA EL VIRUS!

Al incendiarte de entusiasmo, puedes convertirte en un faro de dicha en medio de un bastión de aburrimiento y trivialidad. Tu actitud lleva consigo tu herramienta más poderosa para influir en tu clase. Carlos Santana decía: «No existe nada más contagioso en este planeta que el entusiasmo. Las canciones se convierten en algo secundario, lo que la gente recibe es tu alegría», una frase que, como profesor, adaptaría diciendo *las lecciones se hacen algo secundario, lo que la gente recibe es tu alegría*.

No importa demasiado de qué asignatura se trate; nuestra misión es enseñar de tal modo que lo que somos como seres humanos tenga un efecto más poderoso y perdurable en los estudiantes que lo que decimos. Cuando mostramos entusiasmo, este se pega a todas las personas que nos rodean; es absolutamente contagioso. Asegúrate de propagarlo generosamente cada día, porque te confirmo que tus alumnos tienen muchas personas en su vida que intentan matar su entusiasmo y apagar su espíritu. Infecta tus lecciones y todo cuanto hagas de entusiasmo, y mira después cómo se propaga.

Segunda parte

ELABORA LECCIONES ATRAYENTES

EL TERCER
CÍRCULO

«*Un buen maestro, como un buen artista, debe primero centrar
la atención de sus destinatarios. Después, puede enseñar su lección*».

HENDRIK JOHN CLARKE

La fuerza de una lección no puede maximizarse sin incorporar una exposición magistral. Es como montar en bicicleta con las ruedas pinchadas. Puede que estés haciendo bien todo, pero trabajas más duro de lo que sería necesario para conseguir resultados mediocres. En cambio, cuando has elaborado una lección atrayente sobre tu material es como si fueras cuesta abajo con una bicicleta en perfectas condiciones y con las ruedas bien infladas. Todo parece más fácil, porque los estudiantes se sienten atraídos por tu material como si tuviera una fuerza mágica o magnética.

El sistema *Enseña como un PIRATA*, que presenté en la primera parte, pone los cimientos para construir estos resultados mágicos y magnéticos. Sus seis capítulos son esencialmente importantes para llegar a tus alumnos y ser capaz de enseñarles. Esta parte se centra en *cómo* elaborar lecciones atrayentes. Es una «caja de herramientas» de estrategias a la que puedes recurrir para dinamizar tus clases y atraer a tus alumnos. Después de todo, una cosa es saber que *debes* atraer a tus alumnos, y otra saber que ser *atrayente* exige planificación, preparación y presentación o exposición.

Echa una ojeada al triple diagrama de Venn al final de página. La abrumadora mayoría de los talleres de desarrollo profesional se centran en los círculos inferiores: contenido y técnica/métodos. No cabe duda de que son fundamentales. Si no mantienes el elemento contenido en su lugar, te limitas a entretener o a hacer de canguro. Doy por supuesto que estás especializado en el contenido de tu asignatura. Si no es así, deja este libro y dedícate a aprenderlo. ¡Regresa cuando estés preparado para dar una lección! También doy por supuesto en este marco que, gracias a tus estudios y a tu desarrollo profesional, dispones de todo un conjunto de técnicas y de métodos de instrucción. Estoy seguro de que has participado en talleres sobre *think-pair-share* y en sesiones de *jigsaw* [«pensar-hablar con un compañero-compartir» y el «rompecabezas», diversas estrategias de aprendizaje cooperativo]. Probablemente has aprendido las técnicas del andamiaje y las estrategias SDAIE [*Specifically Designed Academic Instruction in English*, Instrucción Académica en Inglés Especialmente Diseñada, programa para alumnos con poco conocimiento del inglés] has asistido a la formación sobre alfabetización para aprender a desarrollar el vocabulario académico y conoces ya los beneficios de los organizadores gráficos. *Todo esto* constituye un conjunto de herramientas y técnicas buenas.

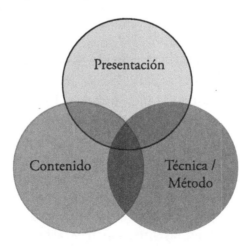

El tercer círculo –la presentación– es el elemento esencial que suele estar más ausente en los seminarios de desarrollo profesional y en los materiales de formación. Nadie habla a los profesores del tercer círculo, y yo pretendo cambiar esto para siempre. Llevo a cabo una misión en solitario propagando por todas partes la buena nueva de la existencia y la importancia de la presentación. Siento un celo evangélico por este mensaje.

BIENVENIDO A LA BARBACOA

Si vienes a comer a mi casa y me ves fuera, en la barbacoa, tendrás motivo para estar contento. Puedes esperarte una comida bien preparada y deliciosa. Pero imagina tu sorpresa si al sentarnos a la mesa me presento ante ti con un plato sin nada, salvo un trozo de carne totalmente cruda. ¡Sería algo tremendamente inapropiado!

De ofrecerte de verdad la comida, te preguntaría con antelación si te gusta la carne. Si no, recurriría a otras alternativas. Pero si te gusta, sazonaría y marinaría la carne con tiempo suficiente para que la impregnaran bien los sabores. Precalentaría la plancha con gas butano (lo siento, sé que acabo de perder a los fanáticos del carbón) y después la asaría y le daría la vuelta hasta que esté preparada a tu gusto. Incluso después de esto, no te la serviría sin acompañarla con varias guarniciones y de bebidas para ayudar a bajarlo todo. Después de acabar, te permitiría disfrutar de tu gusto por lo dulce ofreciéndote un postre delicioso. Esto es una comida.

Obviamente, no puedes ofrecer a la gente carne cruda en un plato. Sin embargo, esto es exactamente lo que algunos docentes ofrecen a sus alumnos cada día. Los profesores de este tipo llegan a clase con su contenido crudo y no sazonado, lo ponen ante sus alumnos y les dicen: «¡A comer!». No se molestan en servir una guarnición, y dar postre les parece demasiado complicado. No sorprende que sus alumnos se comporten como si aprender fuera una forma de tortura que hay que soportar mientras intentan tragarse sus lecciones.

Las estrategias de presentación descritas en este libro, diseñadas para enganchar a tus alumnos y atraerlos a tu lección, son como el condimento y la marinada. Tienes que preparar estos elementos con antelación. No puedes llegar a tu clase solo con un trozo de carne cruda y sin condimentar.

Después de condimentar con cuidado tu lección e impregnarla en la salsa que atrae a los estudiantes, tienes todavía que cocinarla. ¡Tienes que aumentar la intensidad del fuego! Es decir, tienes que aportar energía a tu lección mediante el entusiasmo y la espectacularidad. ¡Tienes que venderla! Y no debes hacerlo solo al comienzo de la lección. Deben mantenerse el fuego y la energía para obtener mejores resultados. Así como tienes que lardear y dar vueltas a la carne, también tienes que añadir continuamente giros, vueltas y cambios de ritmo a lo largo de la lección. Debes ir añadiendo tus garfios para que no mengue el interés. Después de pasar cuarenta minutos en tu clase, no puedes decir: «¡Eh! ¿No recordáis la gracia que conté hace cuarenta minutos? Deberíais seguir prestando atención». Usa tantas estrategias y técnicas para cautivar como puedas razonablemente encajar. Retiro lo dicho. Vete añadiendo esas técnicas y estrategias en capas sucesivas hasta que resulte excesivo, y, luego redúcelas, si es que tienes que hacerlo.

La guarnición y el postre son las partes de tu lección que solo los rígidos y los desencaminados consideran una pérdida de tiempo. No se otorga ningún premio al maestro o profesor que se dedique a llenar totalmente de contenidos su hora de clase. No importa cuánta materia enseñas, sino cuánta se recibe. Al añadir el tipo de elementos de presentación que ofrecemos en esta parte del libro, *no* perderás unos valiosos minutos para impartir contenidos. Al contrario, crearás una lección dinámica y equilibrada, que es altamente atractiva, fácilmente recordable y poderosamente impactante.

Además, ningún objetivo de aprendizaje en cualquier clase de cualquier nivel es más importante que nutrir y fomentar el amor por aprender. Diseñar una clase que empodera a los estudiantes para que se conviertan en personas que aprenden a lo largo de toda su vida, en ávidos lectores y en voraces buscadores de conocimiento, tendrá un impacto que reverbera a lo largo de la vida y más allá. El objetivo de esta sección es ayudarte a elaborar presentaciones de tal modo que los estudiantes querrán de verdad ir a la escuela. Cuando usas el sistema *Enseña como un PIRATA* y presentas eficazmente tu material, los estudiantes se darán cuenta de que la educación puede ser divertida, entretenida, espectacular y, al mismo tiempo, algo que cambia la vida.

TODO ES UNA ELECCIÓN

Diseñar unidades didácticas es una tarea repleta de un número abrumador de elecciones en relación con la presentación. Todo lo que haces o dejas de hacer es una elección. En algunos de mis talleres realizo un número de magia mental con varios participantes aleatoriamente elegidos. Todo el número dura unos cuatro minutos, desde que comienza hasta que termina, y, en general, recibe un aplauso espontáneo. De hecho, si no hay aplausos, es que lo he hecho mal. He aquí el punto clave: todo el truco es matemático. Así es, realizo un truco matemático ante los participantes y recibo un aplauso. De hecho, cuando me contratan para hacer un espectáculo de magia, esta pieza forma casi siempre parte de mi programa. Las matemáticas como arte escénico; ¡se me paga para hacer matemáticas!

¿Cómo es posible?

Por la presentación.

Después de la actuación, regreso al punto de partida y muestro a los participantes del taller todas las decisiones de presentación que forman parte de esos cuatro minutos. Aproximadamente se toman diez grandes decisiones –elecciones– de presentación, que se combinan para hacer un número entretenido y efectivo.

Si se producen diez decisiones en un número de cuatro minutos, haz de matemático e imagina cuántas elecciones de presentación se hacen en una hora de clase. Algunas elecciones son fundamentales y otras menos, pero, incluso esta últimas, sumadas al conjunto, crean un impacto. ¿Están las luces encendidas cuando los estudiantes entran al aula? ¿Suena la música, y, de sonar, qué tipo de música es? ¿Hay algo escrito en la pizarra para atraer la atención de los estudiantes? ¿Se han reorganizado los pupitres? ¿Reparto el material de clase inmediatamente o espero? ¿Qué me pongo en clase para presentar esta lección? Y estás son solo las decisiones de presentación que producen un impacto en la clase antes de que suene el timbre.

Algunos podéis estar pensando: «No tomo decisiones sobre todo eso para cada lección». En realidad, las tomas. Si no suena la música cuando los estudiantes entran a tu clase es porque no la has puesto. Si no has pensado en el tema, entonces lo que realmente sucede es que has abdicado de la responsabilidad de tomar esa decisión. Al no controlar conscientemente la vasta gama de factores de presentación que tienes a tu disposición, has disminuido tu poder profesional y has reducido el impacto potencial de tu lección.

Sé que cada decisión individual, por sí misma, no parece tener importancia. No obstante, el problema es que ninguna de estas decisiones individuales permanece aislada. Más bien, se entretejen formando lo que puede ser un hermoso y colorido edredón de participación o una fea y raída manta de aburrimiento. Decide, intencionadamente, controlar tu entorno y todos los elementos de presentación que están en juego. Todo tiene su importancia.

LAS TRANSICIONES TE MATARÁN

Uno de los modos para notar la diferencia entre un mago profesional y un aficionado es observar cómo hacen la transición de un truco a otro. El aficionado concatena una serie de trucos sin relación entre ellos, o vagamente relacionados, con pausas y transiciones torpes. Hace una cosa, la deja, busca después el siguiente objeto o intenta pensar que hará después. El profesional tiene un tema que une su serie de números en una única actuación. Un truco sigue a otro de forma natural sin pausas o confusiones embarazosas con respecto al siguiente número. Un profesional te hace sentir bien como espectador, porque el trabajo largo y duro de eliminar los momentos incómodos ha creado una experiencia unificada y armónica.

La enseñanza es exactamente igual. Después de leer este libro y poner en práctica sus principios, tendrás una increíble variedad de herramientas para lograr que tu clase participe activamente. No pongas todo el esfuerzo en diseñar un garfio asombroso y cautivador para tu contenido solo para malgastar la ocasión con una transición inoportuna. Tu contenido fundamental –la información más importante que intentas enseñar– debe comunicarse en el momento de máxima participación.

Demasiadas veces, los profesores captan la atención y el entusiasmo de su clase, y después los pierden al añadir un innecesario retraso entre el garfio y la explicación del contenido. Por ejemplo, cuenta una historia impactante que pone a la clase en la palma de su mano. Después, al terminarla, hacen que los alumnos arranquen una hoja de su bloc antes de vincularla completamente con su lección. Sabían que iban a necesitar la hoja de papel, así que ¡deberían haberles dicho a los alumnos que la arrancaran antes de empezar a contar la condenada historia!

Cada vez que permites o añades un retraso innecesario en tu presentación, creas otro momento en el que tendrás que volver a conseguir la participación y el impulso que has perdido. Los dos minutos que empleas en preparar y poner el videoclip son importantes. Algo tan simple como esperar a que se caliente el proyector puede ser la causa de la pérdida de una parte de tu clase.

A ver, no es que me preocupe excesivamente por perder unos minutos. La pérdida que me preocupa es la del *compromiso* o *la participación*. Cada vez que pierdo la atención de mis alumnos por un retraso innecesario doy lugar a otro tiempo en el que debo trabajar duro para volver a engancharlos de nuevo. Es como un actor de calle que se gana la vida entreteniendo a los que pasan para conseguir unas monedas. Lo más duro para el actor de calle es conseguir una audiencia. Por consiguiente, una vez conseguida esta, se ve obligado a evitar una cesura en la interpretación, lo que provocaría que la gente perdiera el interés y se marchara.

Para mantener a tus alumnos mentalmente centrados, intenta quitar de en medio todas las actividades administrativas antes de comenzar tu presentación. De necesitar cualquier material (libros, papel, bolígrafo, etc.), haz que los saquen antes de empezar. Cuando te ves obligado a realizar una transición, intenta hacerlo tan rápida e ininterrumpidamente como sea posible. El proyector debería calentarse mientras presentas, con gran interés, el videoclip. Cuando alguien entra en mi aula con un permiso o para sacar a alguien de la clase, dependiendo de la situación, o bien continúo presentando mi material o bien charlo e interactúo de un modo entretenido con él para mantener la participación. Mi objetivo es evitar llegar a un punto muerto y perder a mi audiencia como resultado. Por esta razón, a diferencia de muchos profesores, nunca me enfado con las interrupciones, pues elijo situarlas como una parte más de un juego o como un desafío. Eliminar y mitigar las transiciones puede parecer en sí mismo una minucia como para insistir en ello, pero los resultados pueden ser significativos.

Hay un momento mágico que me encanta crear en mi clase. A veces se expresa verbalmente, otras puedo verlo en el lenguaje corporal de mis alumnos. Es el momento que sigue a un garfio altamente participativo, uno que a menudo llena el aula de diversión y de risas, y de repente caen en la cuenta: «¡Eh! ¡Está enseñándonos!». Es como si se lo estuvieran pasando pipa y estuvieran tan fascinados en ese momento que olvidan dónde están cuando se dan cuenta de que están aprendiendo. Me imagino entonces a los estudiantes más difíciles y testarudos diciendo: «¡Maldita sea! Yo no pensaba aprender nada hoy. Me ha engañado. ¡Qué tipo tan astuto!». Yo vivo para ese momento.

Cuando explico estas técnicas en mis talleres, les pido a los profesores que averigüen si pueden encontrar el punto en el que ese momento acontecería para un estudiante. Una vez que enseño el concepto, la mayoría de los participantes pueden identificarlo correctamente con facilidad. Más importante aún es que aprenden cómo diseñar su presentación para que incluya esos momentos mágicos. Te animo no solo a que domines el arte de conseguir el compromiso de tus alumnos, sino también el arte de no perderlo.

CURSO INTENSIVO SOBRE GARFIOS DE PRESENTACIÓN

*«No repitas los medios para conseguir la victoria,
más bien responde a la forma desde lo inagotable».*

SUN TZU

Aquí es donde la teoría se pone a prueba. En este capítulo encontrarás un garfio de presentación detrás de otro. Si has visto la versión de jornada completa de mi seminario *Enseñar escandalosamente: enseña como un PIRATA*, entonces sabrás que se divide, más o menos, en tres secciones: el sistema *Enseña como un PIRATA*, la exposición y las explicaciones de múltiples garfios de presentación, y la sesión colaborativa de lluvias de ideas usando mi arsenal de cuestiones relativas a la creatividad. Este capítulo es una combinación parcial de los garfios y de las cuestiones de creatividad. Está lleno de una increíble variedad de ideas para atraer a los estudiantes a los contenidos y también se fundamenta sólidamente en cuestiones que te ayudarán a encontrar los modos para incorporar estas ideas en tus lecciones. Si te tomas el tiempo para considerar activamente estas cuestiones y buscas deliberadamente las formas en que podrían aplicarse a tu clase, pienso te verás generosamente recompensado.

Cuando inicialmente decidí meterme en el mundo del desarrollo profesional, mi preocupación principal era si podía o no traducir lo que hago en algo que fuera a la vez enseñable y transferible a otros educadores. Es verdad que mis métodos me funcionan a mí, pero ¿puedo hacerlos accesibles a otros? ¿O acaso funcionaban debido a mi personalidad? Actualmente, estoy totalmente convencido de que cualquier profesor que quiera dedicar tiempo, atención y esfuerzo, puede transformar su clase y su vida como educador usando estos métodos.

Gran parte de tu éxito como educador va a depender de tu actitud hacia la enseñanza y hacia los alumnos. El resto se basa en tu disposición a buscar sin descanso todo aquello que hace que los alumnos se impliquen en la clase y a tener las agallas de ponerlo en práctica.

Al escribir esta sección de mi material, evalué los garfios de presentación que uso en mis clases y me pregunté: «¿Cómo he llegado a esto?». Una y otra vez, la respuesta era: «Pues porque me he planteado una serie de tipos específicos de cuestiones». Este capítulo incluye esos mismos tipos de cuestiones. Creo que pueden conducirte a que tengas tus propias perspectivas creativas, si los usas activamente y deliberadamente. Puesto que enseño Historia, muchos de los ejemplos están relacionados con mi asignatura. No te eches atrás por eso. Los factores importantes aquí son las cuestiones y las técnicas, no la materia. No es diferente a enseñar a tocar la guitarra. Primero, el estudiante debe aprender a sostener el instrumento, dónde poner los dedos y cómo rasguear. A continuación, aprende los acordes básicos. Después, y solo entonces, elige centrarse en un campo determinado —clásico, jazz, *rock and roll*—. Todos deben aprender primero los acordes básicos. Esta sección enseña la estructura del acorde. Después, seguirás y tocarás inglés, matemáticas, ciencias, en primaria, secundaria, etc. La estructura del acorde es la misma.

Te animo a usar esta sección del libro como un recurso. Regresa a ella cada vez que necesites un impulso creativo para tus lecciones. No sé si has visto alguna vez el espectáculo de MTV *Tuning*, pero esta es la sección que te permitirá tomar lecciones comunes y corrientes y «tunearlas» para conseguir un seguro impacto sorprendente. Puedes trabajar estas cuestiones, teniendo en cuenta una lección o unidad particular en mente, o puedes pensar en toda tu programación en su conjunto y ver qué te despierta una idea creativa.

También recomiendo que trabajes esta sección colaborativamente. Busca un colega con quien puedas hacer una lluvia de ideas. Y si tus primeras experiencias con este proceso de lluvia de ideas no son todo lo que deseabas, sigue intentándolo. Cuanto más te comprometas en estas actividades, mejor lo irás haciendo. Con práctica, entrenas a tu cerebro a pensar más creativamente. Recuerda, hacer las preguntas correctas da una finalidad al motor de búsqueda de tu mente subconsciente. No te sorprendas al descubrir que obtienes tus mejores respuestas al dejar de lado este libro y dedicarte a una actividad totalmente diferente. Cuando te dedicas a un trabajo creativo intenso, a veces solo te llegan las ideas cuando dejas que tu cerebro se relaje y siga su curso. Te recomiendo que tengas algo para escribir tus ideas conforme avanzas, de modo que no las pierdas para siempre.

Una última palabra sobre esta sección: no la tomes demasiado en serio. Diviértete con el proceso. Estas cuestiones no pretenden en modo alguno ser exhaustivas. Siéntete libre de generar tus propias preguntas que reflejen mejor tu propio estilo de enseñanza. Yo ofrezco estas sencillamente como un punto de partida y como un ejemplo sobre cómo llegar a estar activamente comprometido en el proceso creativo en lugar de estar esperando el infame golpe de inspiración.

¡Empecemos!

«YO QUIERO MARCHA, MARCHA»[1]

Los garfios que contienen un elemento de movimiento pueden ser altamente efectivos. El cerebro y el cuerpo funcionan mejor cuando reciben el flujo de oxígeno y sangre, lo que no ocurre cuando los alumnos pasan el día sentados. Si tu clase está estancada y la energía ha alcanzado su punto más bajo, puede ser el momento de incorporar más actividades kinestésicas.

EL GARFIO KINESTÉSICO

- ¿Cómo puedo incorporar movimiento a esta lección?
- ¿Podemos tirar, hacer rodar o atrapar algo dentro o fuera de la clase?

---

[1] Versión española de la canción «*I like to move it, move it*», usada como banda sonora en la película *Madagascar*.

- ¿Podemos levantarnos y representar algo?

- ¿Podemos incorporar gestos y movimientos que los alumnos puedan hacer desde sus pupitres?

- ¿Podemos convertir el aula en un contador gigante de opinión y hacer que los alumnos vayan de un sitio a otro según sus afirmaciones?

- ¿Qué tipo de simulación podemos hacer para que recreen una parte de esta lección?

- ¿Puedo cambiar la estructura de esta lección pasando de una actividad sentada a otra itinerante?

- ¿Puedo usar un juego que incorpore el movimiento y la acción para mejorar esta lección?

- ¿Cómo puedo asegurar que cada alumno se levante y salga de su pupitre al menos una vez durante esta lección?

Ejemplos: Mis alumnos han recogido rocas lunares (en realidad, bolas de golf) que esparcí por un campo detrás de mi clase. Han sobrevolado el Atlántico como Charles Lindbergh; han llevado ganado (en nuestro caso, taburetes) de un lugar a otro usando cuerdas; han volado en aviones de papel durante la lección sobre el bloqueo de Berlín; han subido a un autobús en Montgomery; han jugado a la guerra de las trincheras en el suelo detrás de los pupitres; y se han metido en una caja como Henry «Box» Brown hizo para enviarse a sí mismo por correo y conseguir la libertad. Han trabajado en cadenas de montaje y han competido en carreras de obstáculos en un campo de entrenamiento. Incluso han aprendido a hacer malabarismos como parte de una lección sobre los tres poderes del Estado.

Te prometo que verás un aumento importante de energía en tu aula cuando incorpores el movimiento en tus lecciones.

ES BUENO PASARLO BIEN

Nucas es una mala idea inyectar alguna actividad kinestésica en tu clase, aun cuando el objetivo principal sea solo pasarlo bien. Recientemente, di una clase sobre la oposición a la esclavitud y los modos específicos que usaban los esclavos para conseguir la libertad. Después de contarles la historia de Henry «Box» Brown, que se envió por correo para ser libre, desafié a mis alumnos a meterse en una caja que fuera más pequeña que la de Henry. Hablamos sobre las dimensiones y luego les dejé proceder. Usé un gran contenedor de plástico, y tenían que meterse en él con el suficiente espacio como para que yo pudiera cerrar la tapa. Conforme avanzaba la jornada, todo se volvía más loco. Les mencioné a los de tercera hora que cuatro alumnos lo habían hecho en la segunda hora, así que procedieron a meter a diecinueve personas en el contenedor. Bueno, en realidad, veinte, si contamos al supervisor del centro, que llegó a entregar un pase y aceptó probar. ¡Los chicos se lo estaban pasando pipa! Los de quinta hora asumieron el desafío y metieron a veintidós alumnos. La presión del grupo por intentarlo era intensa (pero de buenas maneras). Al llegar la sexta hora, muchos alumnos habían oído hablar del desafío. Irrumpieron en la clase diciendo: «¿Dónde está la caja?». Les dije que esperaran, que primero tenían que aprender por qué había una caja en clase antes de meterse en ella. Consiguieron el récord del día: se metieron veinticuatro alumnos en el contenedor durante una hora de clase.

Al día siguiente, los de segunda hora me pidieron una segunda oportunidad, y se metieron treinta y uno. Cuando las noticias llegaron a los de sexta hora, metieron diez alumnos más, obteniendo el récord de treinta y cuatro.

¿Por qué os cuento esto?

Muy sencillo. Muchos profesores harían las siguientes preguntas:

- ¿Qué «estándar» se trabaja «metiéndose en una caja»?
- ¿No se desperdicia mucho tiempo?
- ¿Y si nadie quiere probar?

Veamos algunas respuestas:

A veces es bueno hacer cosas en clase porque aumenta el factor diversión y fomenta sentimientos positivos sobre la escuela. Yo quiero que a mi clase le guste la historia, le guste aprender, y, por supuesto, que tenga un gran conocimiento sobre la materia. Se trata de una actividad breve en el contexto de una lección, no de todo el período. ¿Una pérdida de tiempo? Pues no lo es.

Esto es lo que vi:

Vi a alumnos reflexionar sobre la experiencia de Henry y ponerse en su lugar. Vi a alumnos entusiasmados por el desafío. Muchos alumnos pasaron por el aula posteriormente para ver cómo lo habían hecho otras clases. Incluso algunos alumnos trajeron a sus amigos de otras clases para probar a meterse en la caja. Vi a alumnos animando y alentando a sus colegas. Vi a alumnos entrenar a sus compañeros de clase y darles consejos técnicos para pudieran también tener éxito. Vi interacciones entre alumnos que nunca se habían hablado antes de esta actividad. Llegaron a participar alumnos que no habían dado un paso al frente en el aula durante todo el curso. Vi emerger muchas cosas buenas de lo que, sin duda, era una idea muy absurda.

También vi clases llenas de alumnos que nunca olvidarán la historia de Henry «Box» Brown.

Si te preocupa que tus alumnos no participen en una actividad como esta, te digo dos cosas. Primera, ¡probablemente estés equivocado! Segunda, si tienes razón, entonces necesitas hacer un trabajo mejor, construyendo relaciones y creando un entorno en el que los chicos se sientan seguros para asumir un riesgo.

Me encanta la letra de Bill Cosby en el tema musical de la serie «El gordo Alberto y la pandilla Cosby». Dice: «Bill Cosby se acerca a ti con música y diversión, y, si no tienes cuidado, puedes haber aprendido algo antes de que hayamos acabado». No tienes que disculparte por aumentar el nivel de entretenimiento de tu clase. De hecho, deberías pedir disculpas a tus alumnos si no lo haces.

Es importante tener en cuenta que no se trata necesariamente de meter a los alumnos en la caja, sino de pensar de forma no convencional para tener ideas creativas.

EL GARFIO DE LAS PERSONAS-ACCESORIOS

- ¿Cómo puedo hacer que en mi lección «se juegue a lo grande» usando a los alumnos como utilería, objetos inanimados o conceptos?

- ¿Puedo crear un gráfico, un diagrama, un mapa o una ecuación humana?

- ¿Puede asignarse a los alumnos un paso específico en un proceso o en un acontecimiento para que tengan después que ordenarse secuencialmente?

- ¿Pueden ser algunos alumnos los accesorios y el resto de la clase los «que los mueven»?

EL GARFIO DEL SAFARI

- ¿Cómo puedo sacar fuera de estas cuatro paredes a mi clase para impartir esta lección?

- ¿Cuál sería el mejor lugar (o lugares) del recinto para comunicar este contenido?

- ¿Hay una zona del colegio que sirva de escenario perfecto?

- ¿Puedo colocar ítems fundamentales fuera para que podamos «descubrirlos»?

- ¿Podemos abandonar el recinto escolar para ir a un lugar alternativo en el que enseñar este material?

Esta es la cuestión principal: sacar a tu clase de las paredes del aula es un acceso rápido al compromiso y la participación, por la novedad que representa. Evidentemente, lleva consigo sus desafíos. Pero no dije que todo esto fuera fácil.

Ejemplos: Cada curso llevo a mis alumnos a caminar por el Sendero de las Lágrimas. Se trata de una caminata de cuarenta minutos a lo largo de un sendero que rodea algunos campos exteriores al colegio. Llego antes de que empiecen las clases y monto en el sendero todo tipo de accesorios y escenas. Durante la hora de clase, caminamos juntos como grupo. Cuando llegamos a una de las zonas con accesorios, toda la clase se hace una piña para oír lo que dice el mensaje. ¿Qué mejor modo de dar una lección sobre el Sendero de las Lágrimas que caminar de verdad a lo largo de un sendero?

También me he llevado fuera a mi clase para recrear batallas, marchar y entrenar como soldados, y para asar malvaviscos. Tienes libertad para hacer todo tipo de actividades fuera de los confines de tu aula, así que ¡sal fuera!

LARGA VIDA
A LAS ARTES

«Todos los niños nacen artistas.
El problema es cómo seguir siendo artistas al crecer».

PABLO PICASSO

La música y el arte pueden ser unos medios sumamente poderosos para implicar a nuestros estudiantes y potenciar nuestras lecciones. Tenemos alumnos con un talento extraordinario sentados frente a nosotros y muchos ansían la oportunidad de exhibir su creatividad. Deberíamos hacer cuanto podamos para proporcionales la oportunidad de aguzar sus habilidades artísticas y ser creativos. Incluso nuestros alumnos que no se consideran artistas, pueden beneficiarse, y de hecho lo harán, de la posibilidad de explorar y crear.

«El arte supremo del maestro consiste
en despertar el goce de la expresión
creativa y del conocimiento».

ALBERT EINSTEIN

EL GARFIO PICASSO

- ¿Cómo puedo incorporar el arte a esta lección?

- ¿Qué pueden dibujar o hacer mis alumnos que les ayude a comprender y memorizar esta información?

- ¿Pueden hacer algún tipo de representación no verbal del material? (Un proyecto fotográfico o algo en 3-D, por ejemplo).

- ¿Pueden crear material audiovisual con información importante para repasar de cara al próximo examen?

- ¿Pueden elaborar imágenes-palabra en las que el modo en que se escribe la palabra revela su definición?

- ¿Puedo crear una opción basada en el arte que los alumnos puedan elegir en lugar de otra tarea?

Ejemplos: Al acabar una unidad, les doy a los alumnos un día para que formen grupos y elaboren representaciones no verbales del material. Por ejemplo, les pido que hagan una ilustración que represente un acontecimiento o un concepto. Puede ser una interpretación literal o simbólica; animo a mis alumnos a ser tan creativos como puedan. Para decidir cómo hacer su dibujo, deben revisar y elaborar el contenido juntos. El garfio Picasso permite a los alumnos repasar y recordar el material de la lección de un modo diferente. El mero hecho de que interactúen de nuevo con los conceptos es beneficioso. Elaborar el material colaborativamente, visualmente y artísticamente, ayuda también a la memorización. No solo participan en un proceso de toma de decisión sobre qué dibujar, sino que probablemente recordarán el dibujo aun cuando se olviden de la lección. Finalmente, no olvidemos el beneficio añadido de permitir que los alumnos flexionen y entrenen sus músculos creativos.

Me gusta proporcionar oportunidades para hacer proyectos que permitan a los alumnos usar sus talentos artísticos siempre que sea posible. Por ejemplo, les he hecho diseñar los carteles que decoran mi aula para la fiesta de los años sesenta. En clase de geografía, los alumnos tienen que dibujar la palabra del vocabulario de una manera que la forma o la organización de las letras sirva de definición visual. La palabra «península», por ejemplo, debe escribirse de forma que parezca una península.

En mi opinión, es ideal dar a los alumnos la opción de sustituir una tarea clásica por otra que les permita usar su espíritu y habilidades creativas. Podrías quedarte impresionado de los resultados. Ni siquiera tienes que diseñar y definir el proyecto: deja que lo diseñen y lo definan ellos, y, después, das tu aprobación. Creo que descubrirás cómo algunos de tus alumnos que parecen desconectados, se abrirán y cobrarán vida al sentirse libres de usar su creatividad.

EL GARFIO MOZART

- ¿Cómo puedo usar la música para que ayude a mi presentación?

- ¿Cuál sería la canción o la clase de música perfecta para crear un ambiente adecuado y una atmósfera apropiada?

- ¿Qué canciones tienen letras que se relacionan con la lección?

- De no saberlo, ¿puedo pedir a mis alumnos que busquen ejemplos de su música que se relacionen con el tema?

- ¿De qué forma más efectiva puedo usar la música cuando entran al aula?

- ¿Cómo puede mejorar el comienzo de mi lección con la selección musical perfecta?

- ¿Qué deberíamos escuchar mientras que los alumnos trabajan individualmente o en grupo?

- ¿Puedo usar la música para hacer mis transiciones más suaves y más interesantes?

- ¿Cómo puedo usar la música para terminar mi clase y que mis alumnos salgan a la calle con una actitud positiva y optimista?

- ¿Puedo ofrecer un proyecto alternativo para que sean creativos los alumnos que tienen talento musical?

- ¿Puedo permitir que los alumnos elaboren canciones de varios estilos, incluido el rap, que demuestren su comprensión del contenido como alternativa a las redacciones y los trabajos clásicos?
- ¿Pueden cambiar los alumnos la letra de canciones populares para reflejar el contenido del curso? (piensa, por ejemplo, en «Weird», de Al Yankovic).

La música crea un estado increíble y cambia el ánimo. Posee la habilidad de tocarnos el alma como otros pocos medios consiguen. Si quieres cambiar la atmósfera en la clase, a veces todo cuanto se necesita es un cambio de canción (o agregar una nueva). La selección correcta puede aportar un tono profundo y reflexivo a la clase, o crear un fiestón escandaloso y bullicioso de energía.

La música nos transporta inmediatamente al pasado. Aún recuerdo los sentimientos que se desataron en mí cuando Trevor Hoffman caminaba hacia el montículo, en un partido de los Padres [equipo de béisbol de San Diego], en la novena entrada para intentar conseguir una «juego salvado» [acabar el partido para el equipo que va ganando]. El marcador se apagó y los timbres comenzaron a sonar. El sonido estremeció a todo el estadio. Fue algo realmente poderoso, y el sonido ayudó a que la escena se hiciera *inolvidable*.

Ejemplos: Al igual que las emisoras de radio, pon música buena al entrar y al salir; yo la pongo durante los períodos en los que alumnos salen y entran en el aula. Uso canciones con letras relacionadas con mis temas, como *Can't Truss It*, de Public Enemy, en mi lección sobre «La travesía del Atlántico» [de los barcos negreros con dirección a América], y un fragmento de *Escape From Babylon*, de Paris, cuando tratamos el programa de «Los Diez Puntos del *Black Panthers Party*». Utilizo la música y el ambiente de época para la simulación del «Speakeasy» y hablo del jazz en relación con el renacimiento de Harlem. Aprendemos todo sobre la historia del *rock and roll* cuando estudiamos los años cincuenta, incluyendo los géneros musicales que influyeron en su desarrollo y los artistas pioneros del estilo. Ciertamente, es fácil y necesario mostrar cómo la música de los años sesenta reflejaba, y en cierto modo incluso modelaba, las actitudes y los sucesos de aquella tumultuosa década. Pongo música de terror para ambientar de forma espeluznante el tema de «Los juicios por brujería de Salem». Mi lección sobre «El aterrizaje lunar» cuenta mucho con el álbum *Dark Side of the Moon*, de Pink Floyd, para crear el ambiente adecuado. El listado podría continuarse, pero basta decir que la música es una fuerza muy poderosa como para no tenerla en cuenta en tu clase. Tanto si la usas para crear un ambiente o para unirla con tu programación, la música es un elemento poderoso de presentación que puede ayudarte a transformar tu clase. Dado su poder, busco constantemente oportunidades para que mis alumnos usen sus habilidades musicales en mi clase. Esto les ayuda a reforzar el valor que doy a sus propios talentos y les permite ver la escuela como un lugar que potencia su creatividad en lugar de sofocarla.

EL GARFIO DEL BAILE Y DEL TEATRO

- ¿Puedo dar a mis alumnos la oportunidad de hacer un *sketch* o de aparecer en videos relacionados con lo que estamos aprendiendo?
- ¿Pueden aprender y representar un baile pertinente?
- ¿Pueden enseñar algunos estudiantes un baile a la clase?
- ¿Pueden representar a personajes importantes de la historia en un panel o en una entrevista?
- ¿Pueden recrear acontecimientos históricos?
- ¿Pueden escribir un guion y hacer un video para presentarlos en clase?

El garfio del teatro y del baile te permite incorporar elementos kinestésicos en tu clase, al tiempo que proporciona una salida creativa a tus alumnos. Puedes descubrir rápidamente qué alumnos destacan en este tipo de actividad, que, curiosamente, son a menudo los que encuentran dificultades con otras actividades escolares. Al ofrecer variedad en el modo en el que los alumnos acceden a tus contenidos y muestran sus conocimientos, te aseguras de llegar a todos.

Ejemplos: Durante una unidad sobre los años veinte, los alumnos han hecho videos bailando el charlestón, al igual que también con los bailes de moda en los años cincuenta. A lo largo del curso los *sketchs*, las recreaciones y los simulacros que realizamos son demasiado numerosos como para mencionarlos específicamente.

EL GARFIO DE LAS MANUALIDADES

- ¿Cómo puedo incorporar una manualidad en esta lección?

- ¿Qué pueden hacer mis alumnos que se relacione con este material?

- ¿Existe algún tipo de papiroflexia que pueda enseñar a la clase con respecto a este contenido?

- ¿Puedo proporcionar algunos elementos básicos, como palitos, limpiapipas y cinta adhesiva, incluirlos en un proyecto abierto y comprobar qué hacen con ellos?

- ¿Podría utilizar las habilidades manuales que mis alumnos ya poseen para mejorar mi programa, y, al mismo tiempo, permitirles la oportunidad de ser expertos por un día?

Ejemplos: Enseño cómo hacer una grulla de papel en mi lección sobre las consecuencias de los bombardeos atómicos de Hiroshima y Nagasaki. Véase la historia «No dejes que los críticos te roben el alma», en la página 161, para informarse más sobre el enfoque polémico de esta lección.

El día en el que recreamos el vuelo de Lindbergh, los alumnos hacen sus propias gafas de aviador usando cinta adhesiva, palitos y limpiapipas. Tienen plena licencia creativa para hacerlas del modo que quieran, y, constantemente, inventan diseños absolutamente sorprendentes. Sé que muchos alumnos han conservado sus gafas durante años, después de haber dejado mi clase.

Para alentar a los alumnos a usar su creatividad, les ofrezco artículos de manualidades de forma aleatoria y les hago que diseñen e inventen cosas que les resultarían de utilidad para varios períodos históricos. Por ejemplo, pueden demostrar que comprenden las dificultades y los desafíos que afrontaron los diversos grupos que se expandieron hacia el oeste (como los cowboys, los tramperos de las montañas, los americanos nativos, los mineros de la fiebre del oro, la expedición de Lewis y Clark, los colonos y los forajidos) haciendo algo que habría aliviado su carga. Cuando se realiza como proyecto de grupo, la discusión que se produce sobre qué problema debe solucionarse y cómo solucionarlo, ayuda a reafirmar el tema de la lección.

¿QUÉ GANO YO?

*«El maestro que intenta enseñar sin inspirar en el alumno el deseo
de aprender está tratando de forjar un hierro frío».*

HORACE MANN

Es propio de la naturaleza humana preguntar (o al menos pensar), ¿qué gano yo? Todos queremos saber cómo los acontecimientos actuales impactarán en nuestra vida. Los anunciantes y los publicistas saben desde hace tiempo que el texto convincente debe responder a esta pregunta esencial. La gente raramente se impresiona por las características de un producto; lo que realmente importa son los beneficios que proporcionan esas características. Los siguientes garfios te ayudarán a diseñar lecciones teniendo en mente esta pregunta fundamental.

EL GARFIO DEL HOBBY DEL ESTUDIANTE

- ¿Cómo puedo incorporar los hobbies y los intereses no escolares de mis alumnos a este material?

- ¿Conozco los hobbies y los intereses no escolares de mis alumnos, y, de no conocerlos, cómo puedo enterarme?

¿Cómo puedo utilizar el poder de conectar mi contenido con aquello en lo que los alumnos están *ya* interesados?

EL GARFIO DE LA APLICACIÓN AL MUNDO REAL

¿Cómo puedo mostrar a los alumnos por qué aprender este contenido es importante en el mundo real?

¿Cómo lo aplicarán posiblemente en su vida?

¿Podemos aumentar la motivación y la implicación ofreciendo razones para aprender que vayan más allá de «porque aparece en el examen»?

¿Pueden crear algo «real» que será más que un proyecto de clase, pues les permitirá interactuar de hecho con el mundo de un modo auténtico?

EL GARFIO DE LA LECCIÓN QUE CAMBIA LA VIDA

¿Cómo puede usar esta lección para comunicar un mensaje que sea inspirador?

¿Qué tipo de lección que cambie la vida puede incorporarse en el contenido?

¿Qué tipo de preguntas fundamentales puedo hacer para que los alumnos tengan la oportunidad de reflexionar y crecer personalmente?

EL GARFIO DIRIGIDO POR EL ESTUDIANTE

¿Cómo puede proporcionar oportunidades de autonomía y elección en esta unidad/lección?

¿Puedo permitir que el interés del alumno determine nuestra dirección y aprendizaje sin dejar de cubrir lo que necesitamos abordar?

¿Cómo puedo soltar parte de mi control y dar a los alumnos la oportunidad de ser los expertos y los directores de esta materia?

Los movimientos de la «*unconference*» [«desconferencia», también llamado «*open space*», son reuniones de trabajo donde los propios participantes toman un papel más participativo y activo] y del «*edcamp*» [la misma idea, aplicada a la formación de profesores] son ejemplos de lo que ocurre cuando se permite a los profesores dirigir sus propias experiencias de desarrollo profesional. Permitir a los alumnos una experiencia similar podría ser liberador y satisfactorio para los estudiantes más autónomos. Y para quienes necesitan instrucciones más detalladas, este tipo de libertad representa una oportunidad para crecer. En su extraordinario libro, *La sorprendente verdad que nos motiva*, Daniel Pink postula que uno de los tres elementos esenciales que motiva a la gente es proporcionar un alto nivel de autonomía. ¿Cómo estás proporcionando sistemáticamente autonomía y capacidad de elección en tu clase?

EL GARFIO OPORTUNISTA

¿Qué sucesos del momento están relacionados con esta lección?

¿Hay un tema candente en las noticias o en la escuela que pueda usar para captar el interés de los alumnos?

¿Qué aspecto de la actual cultura pop puedo vincular con este material?

¿De qué formas puedo incorporar tendencias populares, modas, espectáculos de televisión y películas actuales para que resulten relevantes e interesantes para mi clase?

¿Puedo poner imágenes intrigantes de sucesos actuales en las paredes con códigos QR en la parte inferior que conecten con la necesidad de buscar más información?

La asociación de tu programa con acontecimientos actuales no solo aumenta la participación, porque muestra su relevancia, sino que también ayuda a los alumnos a estar más globalmente despiertos y conectados. Enseñar a los alumnos cómo ver los acontecimientos desde diferentes perspectivas y analizar los sesgos de la información es también un medio fantástico para educar en los medios de comunicación y en el pensamiento crítico.

TODO EL MUNDO
ES UN ESCENARIO

El control del espacio físico de mi aula es una de mis armas secretas. Yo soy el director, el productor, el regidor y el protagonista de las ciento ochenta representaciones diferentes que se realizarán en mi aula y fuera de ella. Es mi escenario, y lo honro y lo valoro como tal. Todo cuanto haga para manipular y controlar el ambiente es legítimo. Estoy más que dispuesto a aprovecharme de todo cuanto me rodea e influir en ello para aumentar las oportunidades de éxito de mis alumnos.

EL GARFIO DEL DISEÑO INTERIOR

- ¿Cómo puedo transformar mi aula para crear una atmósfera inmejorable para esta lección?
- ¿Puedo cambiar la iluminación para crear ambiente?

- ¿Puedo apagar todas las luces y dejar solo aquellas que hacen resaltar ciertas cosas?

- ¿Puedo cubrir o decorar las paredes, el techo o el suelo?

- ¿Puedo cambiar la entrada para que nadie pueda mirar dentro del aula?

- ¿Cómo puedo reorganizar los pupitres para que esta lección sea más efectiva?

- ¿Puedo crear más espacio quitando pupitres?

- ¿Puedo dividir el aula en zonas diferentes o crear pasillos como laberintos?

- De organizar una fiesta temática en mi casa sobre esta materia, ¿qué haría?

- Si un parque temático abriera una nueva atracción basada en mi lección, ¿qué incluiría?

A menudo cambio todo el aspecto de mi aula para una sola lección. Uno de los modos en que lo hago es usar lo que llamo la teoría de la hoja en blanco. En lugar de estar cambiando constantemente los tablones de anuncios y las paredes para cada unidad o trimestre, tiendo a que mi aula tenga un aspecto neutro. En días especiales creo un lienzo vacío cubriendo completamente todas las paredes con rollos de enormes láminas de plástico oscuro. Los rollos tienen tres metros de altura y siete metros de largo, así que no se necesita mucho tiempo para hacer el trabajo. Después, puedo añadir lo que quiero como decoración encima del fondo negro. Las lonas impiden también que la luz entre por las ventanas, lo que me permite usar luces especiales para crear cualquier tipo de ambiente que quiera. El diferente aspecto de mi aula, y la sensación que produce, impacta a menudo a los alumnos al entrar, especialmente cuando preparo el escenario colgando láminas en la entrada para que no se pueda ver el aula. El efecto de la cortina que cubre desde el techo hasta el suelo, hace que los estudiantes sientan que entran al aula a través de un telón. También he usado sábanas para crear pasillos y cámaras separada dentro del aula.

Para aquellas lecciones que exigen más espacio, quito algunos pupitres del aula y los pongo en mi despacho o en el pasillo. Los pupitres pueden usarse también como utilería adecuada para la lección. Por ejemplo, los he configurado para usarlos como cadenas de montaje, como un autobús en el tema del boicot de autobuses de Montgomery, o en grupos de construcción independientes para construir casas en las afueras.

Ejemplos: Ambiento mi aula de forma oscura y escalofriante para el tema de los juicios por brujería en Salem. De hecho, entre la oscuridad del aula transformada, la música de miedo y yo vestido de brujo, no es raro que algunos alumnos se asusten y se aterroricen un poco.

Para mi lección sobre el alunizaje elimino todo vestigio de luz en el aula. Retiro casi el ochenta por ciento de pupitres para los alumnos se tiren en el suelo y pongan la cabeza sobre sus mochilas. Entran a una sala que está tenuemente iluminada con luces de acento. La música de Pink Floyd suena de fondo. La sesión consiste en una breve lección sobre el alunizaje y exactamente cómo se logró esta increíble proeza en 1969. También aprovecho la ocasión para dar un par de lecciones que cambian la vida, concretamente sobre el poder de la posibilidad y el cambio de paradigma que pueden ocurrir al ver la Tierra desde el espacio exterior. Cuando te das cuenta de que vivimos en una bola azul que avanza a través de un universo en expansión, la mayoría de nuestras preocupaciones, tensiones y obsesiones por pequeñas diferencias parecen ridículas de repente. A continuación, vemos un video sobre el espacio sincronizado con el *Dark Side of the Moon* de Pink Floyd. Finalmente, apago las luces de acento y proyecto un láser multicolor en el techo acompañado de música. Es una jornada alucinante de la que los alumnos hablarán durante años. Cubre los contenidos, incorpora lecciones que cambian la vida y proporciona una experiencia increíble, todo concentrado en una hora de clase.

Los carteles hechos por los alumnos que mencioné en la sección «El garfio Picasso» ayudan a transformar mi clase para la fiesta de los años sesenta que culmina nuestro estudio de esa década. Para la lección «Amenaza Roja» cubrimos toda el aula de láminas rojas (uso manteles rojos de plástico de una tienda de artículos de fiesta). Para mi lección sobre el «Speakeasy» se realiza otra transformación completa del aula, que incluye la oscuridad, las luces de acento, la música, la barra y varias mesas de juego. Uno de los beneficios de usar la teoría del lienzo vacío es que cuando terminas la lección, quitas simplemente los recubrimientos y vuelven a aparecer la decoración normal de la pared y los tablones de anuncios.

EL GARFIO DEL PANEL DE MENSAJES

- ¿Qué puedo escribir en la pizarra o proyectar en una pantalla que despierte la curiosidad y el interés de los alumnos al entrar en clase?

- ¿Qué tipo de mensaje suscitará un murmullo y provocará que los alumnos lo observen y lo comenten entre sí antes incluso de que suene el timbre?

- ¿Qué puedo escribir que sea intrigante y misterioso y obligue a los alumnos a acercarse y a hacerme preguntas antes de empezar?

- ¿Puedo poner solo un código QR en la pizarra o en la pantalla y ver qué pasa?

- ¿Puedo mantener una imagen proyectada para vincularla finalmente a mi contenido?

Interesar activamente a los alumnos *antes* de la hora de clase, incluso antes de que comience, promete una clase interesante. Un mensaje intrigante en la pizarra o en la pantalla crea un escenario en el que los alumnos sienten curiosidad por el contenido y se preparan para escuchar. ¿No es esto lo que quieres? Mi objetivo es escribir un mensaje sobre el que los chicos hablen y murmullen incluso antes de que suene el timbre. Me encanta cuando les fuerza a acercarse y a preguntarme.

Los mensajes funcionan también con las audiencias adultas. Cuando dirijo la presentación completa de PIRATA en un seminario de profesores, pongo un cartel al frente de la sala que dice:

LA FÓRMULA SECRETA Nº. 1
PARA LLEGAR A SER UN MEJOR AMANTE

La gente no puede evitar ser curiosa; crea un murmullo y eleva el nivel de energía en la sala antes incluso de que comience a hablar. He visto a mujeres hacer fotos del cartel y enviárselo a sus maridos con el texto «mira lo que estoy aprendiendo hoy». Los profesores me han pedido muchas veces posar con ellos ante el cartel después de la presentación. ¡Funciona escribir un buen mensaje en la pizarra!

EL GARFIO DEL VESTUARIO

- ¿Cómo puedo vestirme o disfrazarme para esta lección?
- ¿Hay un personaje actual por el que pueda hacerme pasar?
- ¿Puedo crear un personaje que sea relevante para esta lección?
- ¿Puedo inventar un superhéroe o un supervillano para este tema?
- ¿Qué accesorio (algo tan simple como un sombrero o unas gafas) puedo ponerme para mejorar mi presentación?

Llamo el día del orador invitado a aquel en el que me disfrazo. Mis alumnos saben no dejar pasar los días en los que un «orador invitado» aparece en el programa. Si soy famoso en el colegio por algo, es precisamente por esto. Presento una lista parcial de mis personajes:

Brujo de Salem
Juez del Tribunal Supremo
Sherlock Holmes (buscando pistas históricas)
Trampero de las montañas
Cowboy
Sufragista
Gánster en la época de Ley Seca
Sacerdote
Rosie la Remachadora
Chica adolescente de los años cincuenta con falda poodle
El supervillano de la Amenaza Roja
El Señor 10 (el superhéroe que enseña las primeras diez enmiendas a la Constitución)
Hippie
Rastreador

¡Uf!

También es raro que imparta un taller de desarrollo profesional o dé una ponencia sin crear un personaje. Obviamente, me visto de pirata, pero también me he presentado como un BTSA [*Begignning Teacher Support and Assessment*, Apoyo y evaluación de profesores principiantes], un inspector ESLR [*Expected School-wide Learning Results*, Resultados Escolares Esperados], un médico en mi seminario de Urgencias Educativas, y como obrero de la construcción en mi ponencia sobre cómo construir un profesor mejor. Aumentar el valor de entretenimiento en las presentaciones conduce a un mayor compromiso, y los disfraces y los personajes son técnicas que uso con frecuencia.

Si te preocupa hacer el ridículo ante tus alumnos, el mejor consejo que puedo darte es *supéralo*. Sé que parezco escandaloso y que la gente me mira extrañada y se ríe de mí, y no me importa. Si vas a usar el disfraz del Capitán Garfio, tienes que sentirte cómodo contigo mismo, y, sin duda, *apropiarte* del personaje que representas ese día. Dicho esto, no tienes que dejar de sentir vergüenza, solo tienes que, como dice Anthony Robbins, «actuar como si» no la sintieras. Sé que, de todas estas técnicas, esta es una que la mayoría de los profesores —especialmente los varones— dice que no la llevaría a cabo, pero no lo sabrás si no lo intentas.

EL GARFIO DE LOS ACCESORIOS

- ¿Qué elemento físico puedo añadir a mi presentación?
- ¿Qué imagen puedo mostrar?
- En lugar de hablar solamente de un libro, ¿puedo llevarlo?
- En lugar de mencionar meramente a una persona, ¿puedo mostrar su retrato?
- ¿Qué puedo llevar que los alumnos puedan tenerlo realmente en sus manos y pasarlo arriba y abajo por los pasillos?

Yo creo firmemente en los accesorios. Uso un montón en mis talleres. De hecho, ocupan la mayor parte de mi equipaje, y me han producido algunos momentos interesantes con la seguridad del aeropuerto. Son tan esenciales en mis talleres y seminarios, como lo son en el aula. Resulta mucho más efectivo hablar sobre la moneda conmemorativa de Susan B. Anthony *y* sacarla, enseñarla y pasarla entre los asistentes. Cuando hablamos de un libro, me gusta tenerlo en las manos o al menos una imagen. Es mucho mejor tener realmente una bala Minie que hablar simplemente de las balas de la Guerra Civil.

Quienes usáis PowerPoint, Prezi, Keynote u otras presentaciones en pantalla para enseñar, podéis sustituir imágenes por accesorios. Reducid el texto y las viñetas e incluir más imágenes. Las viñetas y las diapositivas cargadas de texto duermen a vuestros alumnos. Tendréis más suerte al implicarlos usando abundantes imágenes de gran interés.

EL GARFIO DE UNA AUDIENCIA INVOLUCRADA

- ¿Cómo puedo mantener involucrada constantemente a la audiencia?
- ¿Puedo indicarles que hagan ciertos movimientos o sonidos en momentos clave?
- ¿Puedo incorporar la técnica de llamada y respuesta a esta lección?
- ¿Puedo pedir a algunos alumnos que interpreten un papel previamente acordado sin que lo conozcan el resto de los compañeros de clase?
- ¿Puedo situar a alumnos frente a la clase como voluntarios?

Todo cuanto haga que los alumnos se sientan como parte del espectáculo, y no como meros espectadores, es bueno. Por ejemplo, yo incorporo la llamada y la respuesta cuando enseño la Carta de Derechos. A veces uso una táctica que llamo «caos coreografiado», en el que acuerdo de antemano con un alumno o un grupo que interpreten un papel en mi clase. Al resto de la clase les parece extraño y caótico, pero ha sido completamente ensayado. Es como si se produjera un *flash mob*, pero a escala mucho menor y en una clase. Lo que hace divertido a este fenómeno es que no todos los que participan están implicados.

Ver la reacción de los otros a los sucesos previamente acordados es lo que hace divertido el caos coreografiado. A menudo uso a los payasos de la clase como actores en este caos. Ellos quieren llamar la atención e interrumpir tu clase de todos modos, así que ¿por qué no dejar que lo hagan en tus términos y de un modo que sirva a tu mensaje?

EL GARFIO DE LA BOLSA MISTERIOSA

- ¿Cómo puedo conseguir participación ocultando delibera-damente algo de la clase?

- ¿Puedo presentar una caja o un paquete cerrado ante la clase?

- ¿Cómo puedo crear suspense antes de abrirla?

- ¿Puedo hacer un agujero en la caja para que los alumnos puedan meter la mano y tocar el contenido, pero sin verlo?

- ¿Puedo dar pistas y abrir el fondo para dar ideas?

- ¿Qué puedo meter en la caja o bolsa misteriosa que esté relacionado con mi lección?

- Después de mostrar el artículo, ¿cómo puedo conseguir que los alumnos imaginen la relación entre este y la lección?

Un momento célebre en mi taller se produce cuando saco una bolsa mientras demuestro la mecánica de este garfio. Tenemos una curio-sidad natural por lo que no podemos ver. Nos mata saber qué se nos oculta. Este es el principio que funciona con los regalos de navidad y de cumpleaños. ¿Cuál es el rasgo específico de un regalo que lo hace intrigante e interesante? ¡Que está oculto! No puedes verlo y quieres saber qué es. Lo primero que hacemos es tomarlo y sentir su peso. Después, quizá lo movamos. Si los regalos no estuvieran envueltos, no sentiríamos gran cosa al recibirlos.

Podemos usar este principio universal de atracción en nuestra cla-se. Confía en mí. Si tus alumnos ven un paquete cerrado en la parte frontal de la clase al entrar, te harán un montón de preguntas. Si pue-des unir el momento de máximo interés, que es el descubrimiento del contenido, con tu lección... tendrás un momento glorioso.

ENTRETENIENDO AL AUDITORIO

¿**T**e consideras un orador público? Cuando hago esta pregunta, la mayoría de los profesores responden enfáticamente: «¡No!». Algunos afirman incluso que les aterroriza pensar en hablar ante una muchedumbre. Es algo que me asombra, porque en un sentido plenamente real *todos* los profesores son oradores profesionales a tiempo completo. Me aventuraría a conjeturar que muchos profesores hablan más en público en sus clases que la inmensa mayoría de quienes dan conferencias por ahí. Tú eres un orador público, así que asúmelo y perfecciona intencionadamente tus habilidades de conexión. Te presento seis garfios que pueden llevarte a una mejor actuación en clase.

EL GARFIO DE CONTAR HISTORIAS

¿Qué historia cautivadora puedo contar para involucrar a los alumnos en esta lección?

- ¿Puedo inventar una historia de sumo interés que encaje con la lección?

- ¿Qué técnicas de los grandes narradores, como, por ejemplo, los dramaturgos, puedo usar para potenciar esta presentación?

- ¿Cómo impactaría en la clase hablar como un personaje, usar acentos, cambiar las entonaciones y variar el volumen (incluso hasta el susurro)?

- ¿Cómo puedo usar las expresiones faciales, la pausa dramática y los gestos para mejorar la fuerza de mi exposición?

A mí me encanta ver a grandes narradores hacer su trabajo. Intento aprender cuanto puedo de los especialistas que comunican sus mensajes con gran fuerza y eficacia. Trabajo conscientemente en aplicar y adaptar sus técnicas a mi propio trabajo. ¿Dónde puedo suscitar interés? ¿Cómo puedo conquistar la atención de mis alumnos? ¿Dónde puedo añadir más contundencia a la historia?

> *«El universo está hecho de historias, no de átomos»*
> MURIEL BUKEYSER

Una historia contada eficazmente puede llegar a ser lo más efectivo que hagas ante un auditorio. No sorprende que las personas más convincentes e impactantes de la historia humana hayan usado historias o relatos como su principal modo de enseñanza. Para liderar a grandes ejércitos, grandes naciones o grandes religiones, se han usado las historias por una razón: porque funcionan.

EL GARFIO DE NADAR CON TIBURONES

- ¿Cómo puedo conectar con los destinatarios y romper la barrera entre el profesor y la clase?

- ¿Puedo participar en la actividad?
- ¿Puedo moverme entre las filas y usar toda el aula como mi tarima?
- ¿Puedo acercarme al espacio físico de áreas clave del aula donde mengua la atención?
- ¿Hay un lugar diferente, o múltiples lugares, en donde puedo dar mi lección con el fin de innovar?

Existe un acuerdo tácito entre muchos profesores y sus alumnos. El contenido se presenta desde el frente (aquí arriba) y es recibido desde las filas o los pupitres (allá abajo). Romper este muro invisible entre profesor y clases al explicar una lección, puede aumentar la participación debido a su novedad. El peor

> *«Una historia se cuanta tanto con silencio como con palabras»*
> SUSAN GRIFFIN

escenario posible para mí es encontrarme dando una conferencia con un micrófono fijo. De hecho, les digo a los organizadores que no lo aguanto. El siguiente peor escenario es en el que se usa un micrófono de cable limitado. A mí me gusta poder moverme de un lado para otro y mezclarme entre la audiencia. Cuando los ponentes están kinestésicamente activos, la audiencia reacciona con mayor energía. Cuando los ponentes y los profesores permanecen en el mismo lugar durante una hora, los miembros de su audiencia tienden a dormirse. No te quedes atrapado explicando siempre una lección desde el mismo lugar.

EL GARFIO DEL TABÚ

- ¿Cómo puedo usar el hecho de que a los alumnos les fascine lo que es tabú y está prohibido?

- ¿Cómo puedo presentar mi tema de modo que parezca un secreto poco conocido?

- ¿Cómo puedo aprovecharme del hecho de que a los alumnos (y a los adultos) les intriguen cosas que supuestamente no deben oír?

- ¿Puedo presentar mi tema como si fuera ilícito, aun cuando no lo sea?

Cuando unas personas se sientan en la mesa de al lado, ¿no quieres saber de qué hablan? Seguro que sí. Forma parte de nuestra naturaleza humana. Todos queremos estar «en el ajo». Saber que alguien tiene un secreto nos carcome por dentro hasta que llegamos a saberlo. Los temas que son tabú, prohibidos o aparentemente ilícitos, suscitan nuestra curiosidad (me viene a la mente el éxito de *50 sombras de Grey*). Yo presento con frecuencia mi contenido como si fuera poco conocido, un secreto, o algo recientemente descubierto. Tampoco me importa presentarlo como posiblemente inapropiado. Lo que llego a decir realmente no lo es, pero lo presento así. El cartel del «mejor amante», que he mencionado, es un ejemplo. Nada de cuanto digo a los profesores en mis talleres es ilícito, pero ese cartel presenta mi contenido como si lo fuera. El efecto querido es generar interés y suscitar murmullos −¡y vaya si funciona!−. Obviamente, tienes que ajustar el garfio del tabú atendiendo a la edad y a la madurez de tus alumnos, pero incluso un alumno de educación infantil se sentirá atraído por la posibilidad de enterarse de un secreto o de algo que sus amigos o sus padres no saben. Los agentes de publicidad usan habitualmente el «garfio del tabú» para vender miles de millones de productos. Yo lo uso para vender educación.

EL GARFIO DEL MIMO

- ¿Puedo usar la fuerza fascinante del silencio para provocar interés y participación?

- ¿Puedo usar solo mensajes escritos para explicar mi lección o garfio de apertura?

¿Puedo usar las técnicas y los gestos del mimo para hacerme entender?

¿Puedo incorporar charadas y/o actividades del tipo Pictionary?

¿Puede pedirse a los alumnos que expresen también sus mensajes sin usar las palabras?

EL GARFIO DEL AVANCE

¿Cómo puedo suscitar interés por esta lección promocionándola con antelación?

¿Qué puedo hacer para crear una expectativa positiva por adelantado?

¿Qué aspecto de esta lección puedo avanzar previamente para provocar curiosidad?

De estar haciendo un tráiler o una previsualización para esta lección, ¿qué incluiría?

De estas preparando una campaña de marketing para promover esta lección, ¿qué haría y cuándo comenzaría?

Yo creo firmemente que deberías promocionar tus lecciones por adelantado. Quiero hacer cuanto está en mi poder para suscitar una sensación positiva en mi clase. «No dejéis de venir mañana, pues habrá un comienzo de clase increíblemente sorprendente». «El viernes vendrá un conferenciante invitado (yo mismo, disfrazado) y solo os doy una pista: "¡Mallas!"». Los alumnos sencillamente no se pierden los días que promociono e incluso han obligado a sus padres a cambiar citas o a traerlos inmediatamente después a la escuela. Comienzo a promocionar y a vender la lección del alunizaje y la de la fiesta de los sesenta durante la primera semana de colegio —y eso que no se celebrarán hasta bien avanzado el segundo semestre—. También uso una página de fans en Facebook para promover mis lecciones, suscitar una elevada expectativa y una entusiasta impaciencia. La industria cinematográfica recurre al tráiler porque funciona; quiere que veáis la película. Yo quiero que las personas *quieran* ver mi lección. Piensa en ello. Cuando los actores y los presentadores hacen grandes intervenciones, suscitan inmediatamente credibilidad y expectación positiva antes incluso de salir al escenario. Se convierte en una profecía autocumplida. Si la gente piensa que se va a producir algo extraordinario, con más probabilidad lo experimentarán así. El mismo enfoque puede funcionar en tu clase. *Promocionar*, *comercializar* y *vender* son tres prácticas empresariales que también pertenecen a la clase.

EL GARFIO DEL RETROCESO

- ¿Cómo puedo conseguir una ventaja o aumentar el interés presentando este material fuera del orden establecido?
- ¿Puedo contarles el final de la historia y dejar que ellos se imaginen y descubran el comienzo y el desarrollo?
- ¿Puedo mostrarles un producto terminado que les haga querer aprender las habilidades para llegar hasta él?

Quizá el mejor modo de explicar este garfio es compararlo con la serie de televisión *CSI*. Cada episodio comienza con un cuerpo muerto y la escena del crimen. El resto del episodio se dedica a averiguar cómo ocurrió. El asombroso documental *The Civil War*, dirigido por Ken Burns, comienza mostrando imágenes de las consecuencias de la guerra. Recorre las ciudades destruidas y los campos de batalla sembrados de soldados muertos mientras el narrador cuenta las terroríficas estadísticas del número de muertos. Te quedas totalmente abrumado preguntándote cómo pudo haber ocurrido esto en Estados Unidos. Después de estas escenas de gran impacto, intervienen los historiadores explicando por qué es tan importante esta guerra en la historia estadounidense. Comenzando por el final, Burns crea el escenario y después recorre todo el camino hasta el comienzo para contar la larga historia que llevó a Estados Unidos a este fin espantoso. Así funciona el garfio del retroceso.

TÁCTICAS AVANZADAS

Los tres garfios siguientes pueden realmente aumentar el nivel de participación de tu clase –*si* se aplican adecuadamente.

EL GARFIO DE LA MISIÓN IMPOSIBLE

- ¿Cómo puedo diseñar mi lección para que los alumnos prueben a desvelar o resolver un misterio?

- ¿Cómo puedo incorporar claves que solo puedan descodificarse aprendiendo o investigando el tema relevante? (Piensa en *El Código da Vinci* y en *La búsqueda*).

- ¿Se les puede proporcionar un mapa del tesoro o enviarlos a una búsqueda del tesoro mediante tu contenido?

- ¿Qué tipo de trama entretenida puedo usar para revestir o contextualizar esta unidad?

- ¿Qué personaje ficticio o papel pueden interpretar?
- ¿Qué crisis deben impedir?
- ¿Puedo cambiar una tarea normal en una misión osada e imposible?

EL GARFIO DE LA TELERREALIDAD

- ¿Cómo puedo diseñar mi lección para que sacar partido de la popularidad de los programas de telerrealidad?
- ¿Puedo elaborar un desafío del estilo de *Supervivientes* y dividir la clase en tribus?
- ¿Puede configurarse como una lección afín a la serie *La gran carrera*?
- ¿Cómo puedo incorporar un tipo de desafío como sucede en *Fear Factor* [Factor miedo]?

Un ejemplo perfecto de la incorporación de un tipo de desafío como *Fear Factor* procede de mi colega Reuben Hoffman. Cuando aborda las diferencias de los hábitos culturales en todo el mundo, se presenta en clase con una gran variedad de comidas de diferentes países. Muchos de los chicos se aterran de probar algunos de los tipos más raros (para ellos, claro) de comida. Surgen voluntarios y dan vueltas a una rueda, y tienen que comer lo que caiga de ella. Aprenden hábitos culturales, prueban comidas exóticas y se lo pasan en grande con esta lección altamente interesante.

EL GARFIO DEL GENIO TECNOLÓGICO

- ¿Puedo sacar partido de la habilidad tecnológica de mis alumnos?
- ¿Puedo dar a mis alumnos la opción de hacer proyectos y convertirlos en tareas realizadas digitalmente?
- ¿Puedo impartir una lección o unidad o dar una clase sin necesidad de papel?

¿Cómo puede beneficiarse esta lección del hecho de que muchos alumnos tengan más capacidad informática en sus bolsillos y mochilas que la que yo tengo en mi clase o en el departamento?

> *«Toda tecnología suficientemente avanzada es indistinguible de la magia».*
> ARTHUR C. CLARKE

¿Cómo puedo sacar partido del hecho de que la mayoría de los móviles tengan actualmente cámara, video y acceso a internet?

¿Cómo puedo aprovechar la fuerza de las redes sociales para que mis alumnos se comprometan más en su educación más allá de la clásica jornada escolar?

¿Cómo puede usarse la tecnología para que cubra las brechas entre la escuela y el mundo real?

¿Cómo puede ayudar la tecnología a que mis alumnos conecten con personas de todo el mundo de modo que les resulte útil para obtener una perspectiva global?

¿Cómo puedo utilizar las últimas aplicaciones para elaborar presentaciones más impactantes e interactivas? (Me abstengo intencionadamente de hacer un listado de programas, apps o hardware específicos, porque la tecnología cambia con tanta rapidez que seguro que mis recomendaciones se habrán quedado probablemente obsoletas cuando lo leas).

La revolución tecnológica no desaparecerá. Los alumnos están habituados a la posibilidad de conectarse entre sí y de tener acceso a la información en todo momento. Podemos luchar contra esta

> *«No luches contra las fuerzas; úsalas».*
> R. BUCKMINSTER FULLER

fuerza irrefrenable o podemos elegir usarla. Si te comprometes con el sistema *Enseña como un PIRATA*, entonces debes estar dispuesto siempre a adaptarte a las condiciones atmosféricas cambiantes. Nuestro objetivo es trazar un nuevo rumbo por los mares de la educación y maximizar los recursos a nuestra disposición. Usa la tecnología como instrumento de enseñanza. Aprovecha el conocimiento y la familiaridad de tus alumnos con este instrumento para ayudarles a tener éxito. Cuando se usa correctamente, la tecnología puede incrementar la eficacia de tu lección, aumentar la participación e incluso fortalecer las relaciones entre los seres humanos que están en tu clase.

¡EL PODER DEL DIRECTO!

Vi a Juan Tamariz, uno de los mejores magos del mundo, realizar un truco de magia con cartas en el Congreso de Magic Con de 2010. Le había visto actuar muchas veces en video, pero todo palidecía cuando tuve la oportunidad de verlo en directo. Fue una experiencia increíble e impresionante. La primera noche, simplemente se sentó en una silla junto a una pequeña mesa en el vestíbulo del hotel y comenzó su actuación ante un enorme grupo de magos que atestaban el lugar y rodeaban la mesa formando al menos diez filas. Vi a una audiencia entera de magos expertos con la boca abierta y en un estado de estupor. Arrasó completamente con la muchedumbre. Nos subió a una montaña rusa de emociones y nos cautivó con una actuación magistral, que no solo era asombrosa y divertida, sino también ejemplar y edificante. Fue algo que solo se vive una vez. ¿Por qué tenía tanta fuerza? ¡Porque era algo en directo! Él pudo hacer frente a la muchedumbre, improvisar, desplazar y cambiar de dirección, y lograr que sus efectos se transformaran en clímax emocionales. No solo manipulaba las cartas... sino que también manipulaba al público. Además, la presentación fue poderosa porque era una experiencia compartida. La dinámica grupal ayudó a crear una vibración eléctrica. Ese momento exacto no puede nunca reproducirse. De haber un video de la actuación, podrías perfectamente quemarlo. Como muchas cosas de la vida, aquél fue uno de esos momentos en los «que tienes que estar presente».

Comparemos escuchar música en el coche con asistir a un concierto. Es indudablemente y cualitativamente diferente. ¿Y si fueras la única persona presente en el concierto? También eso sería cualitativamente diferente, porque una gran parte de la magia de un concierto en directo es la experiencia compartida y la sensación de comunidad. Pregunta a un *deadhead* [el nombre que se les dio a los seguidores de la banda de rock estadounidense The Grateful Dead] si el CD del espectáculo es lo mismo que estar en el concierto. Es diferente.

Prueba lo siguiente: abre YouTube y contempla a alguien caminando en la playa. Después, ve a la playa y siente las olas en tus pies y la arena entre tus dedos. Busca en Google las imágenes del «Gran Cañón» y échales un vistazo. Ve luego a situarte en una de sus crestas y mira. Supongamos que no sabes nadar. Pasa un mes de investigación en línea para leer y observar lo que puedes hacer para nadar. Ahora, salta a lo profundo de la piscina. Imagino que treinta minutos en el agua con un monitor te serviría mucho más que toda la investigación en línea.

Nada tiene más fuerza que un profesor de verdad colocado ante una clase de alumnos y orquestando la experiencia del aprendizaje. El profesor puede cambiar de dirección al instante después de percibir intuitivamente una falta de comprensión o de participación. Puede proporcionar un inmediato *feedback*, leer el lenguaje del cuerpo, las expresiones faciales y la entonación vocal. El profesor puede dirigir debates, aportar entusiasmo, e inyectar emoción e intensidad en el momento justo. Un profesor excelente sabe determinar cuándo es apropiado dejar la lección totalmente de lado para capturar ese momento de enseñanza difícil de alcanzar que puede ser mucho más importante que el contenido curricular.

Cada curso —e incluso cada clase— será un poco diferente, porque diferentes son los alumnos que configuran la clase. Un grupo de personas que comparten una experiencia común e interactúan en un entorno de relaciones personales no queda desfasado u obsoleto. En el agradecimiento escrito a mano destacas en un mundo de correos electrónicos, tuits y mensajes de texto. Aún funciona.

La tecnología, como una de las múltiples herramientas en las manos de un formador, puede ser innegablemente poderosa. Sin embargo, me preocupa que la tecnología sustituya a la interacción viva entre profesores y alumnos. Ciertamente, sé que algunos estudiantes se aburren y se desconectan en las clases tradicionales, pero esto parece más bien un argumento a favor de un mejor desarrollo y formación profesional de los profesores, no para tener a los chicos frente a una pantalla de ordenador todo el día. Yo no estoy totalmente dispuesto a saltar al tren de la enseñanza en línea. Sé que podría ser demasiado tarde, pero me preocupa que el péndulo se mueva demasiado lejos en la dirección de un amor a la tecnología por la mera tecnología. Usarla de formas nuevas y creativas es un progreso lógico y positivo que debería alentarse. Pero temo que muchos han llegado a convertirla casi en un objeto de culto.

Tengo grandes esperanzas en la revolución tecnológica en la educación que está cambiando radicalmente el mundo en la actualidad, pero su mejor uso consiste en aumentar y mejorar la eficacia de los profesores, no en sustituirlos. Aún creo en el «PODER DEL DIRECTO».

ALREDEDOR DE LOS BORDES

Los siguientes garfios pueden usarse para redondear tu clase y poner una guinda final que la convierta en una verdadera experiencia.

EL GARFIO DEL CONCURSO

- ¿Cómo puedo incluir un concurso en esta lección para crear entusiasmo y motivación?

- ¿Qué tipo de juego de revisión puedo diseñar para incrementar el nivel de entretenimiento de mi clase?

- ¿Qué tipo de desafío puedo proponer en clase para sacar provecho del instinto competitivo de los alumnos?

- ¿Puedo formar parte del desafío o del concurso?

A los alumnos les encantan demasiado los concursos o los desafíos como para ignorar su utilidad como instrumento de compromiso y participación. Especialmente, me gusta diseñar juegos para repasar excepcionales y divertidos antes de los exámenes, porque incluso hasta al alumno más duro le resulta difícil evitar un desafío. Por ejemplo, antes del examen sobre la Primera Guerra Mundial hacemos un fabuloso juego de guerra de trincheras. Los alumnos se tiran al suelo en trincheras opuestas e intentan «matarse» unos a otros usando «bombas». Ahora bien, el único modo para que un bando pueda arrojar una bomba es responder correctamente a una pregunta de repaso. Así que hacemos una revisión de la materia de examen totalmente efectiva y, al mismo tiempo, nos divertimos increíblemente. También uso el juego de revisión de la batalla naval, en el que dividimos el aula en dos equipos, y, después de dar una respuesta correcta, pueden tirar un cañonazo contra el otro equipo. Si un equipo grita «B-tres» y el otro equipo tiene escrito el nombre de un alumno en ese lugar, este muere. Doy un consejo: para tener múltiples vencedores y pasarlo más divertido en todo el juego, ofrece otras formas de vencer en lugar de la simple supervivencia. Por ejemplo, aquellos que mejor interpreten el dramatismo de la muerte o expresen las mejores últimas palabras en el momento de la muerte pueden también jactarse de vencer en la batalla naval. Una vez más, estamos revisando el contenido y pasándolo bomba.

EL GARFIO DE LO MÁGICO Y LO ALUCINANTE

- ¿Qué principio alucinante puedo demostrar como parte de esta lección?
- ¿Existe algún efecto mágico que podría ayudar a comunicar este mensaje?
- ¿Puedo enseñar a mis alumnos una habilidad alucinante que llevarán a casa y se la mostrarán a otros?

Yo estoy siempre merodeando en torno a los principios mágicos y alucinantes. Los pongo por escrito en un bloc, y, después de una lluvia de ideas, estudio cómo incorporarlos en mi clase. Me gusta tanto este garfio que en los seminarios dedico una sesión especial a explicar cómo usar estas ideas mágicas y alucinantes en la clase. Algunos efectos rompen el hielo, y otros forman parte integral de las lecciones y están plenamente integrados en mi enseñanza del currículo. En los talleres discutimos sobre cómo usar el proceso creativo para generar ideas que respondan al currículo específico.

EL GARFIO DEL CHEF

- ¿Cómo puedo mejorar esta lección añadiendo comidas o bebidas?
- ¿Puedo cocinar algo para la clase?
- ¿Qué tipo de comida sería una perfecta guarnición para esta lección?
- ¿Cómo puedo usar comidas o bebidas para demostrar un punto, para que sirvan de incentivo, o simplemente para crear un ambiente favorable de cara a una lección especial?

El día que tratamos el tema de los «speakeasy» monto un bar completo sin bebidas alcohólicas. La novela *La Jungla*, de Upton Sinclair, incluye una sección repugnante sobre la industria de la carne y la elaboración de embutidos a comienzos del siglo XX. Después de leerla, les digo que he preparado unas salchichas ajustándome con precisión a los datos históricos y luego las saco para que se las coman. Durante ese momento me pregunto si sacarán el sabor a rata o a estiércol de rata. No solo es divertido, sino que también sirve para ayudarles a recordar la lección del día sobre las reformas progresistas y los primeros periodistas que denunciaban los escándalos de corrupción. Cuando estudiamos el tema de los tramperos y contamos fantásticas historias sobre ellos, ¡preparamos más salchichas! Cuando abordamos el tema del temor a la bomba atómica en los años cincuenta, les doy caramelos que son «bolas de fuego atómicas».

Siempre busco los medios para que mi clase sea inolvidable y divertida. Usar comidas y bebidas de vez en cuando es una de mis tácticas.

EL GARFIO MNEMOTÉCNICO

- ¿Hay informaciones importantes que quiero que mis alumnos aprendan de memoria?
- ¿Cuento con un modelo que ayude a recordar?
- ¿Puede vincularse lo esencial de esta lección con un conocimiento anterior?
- ¿Existe un modelo mnemotécnico para este material?
- ¿Puedo diseñar mis propias reglas mnemotécnicas para ayudarles a recordar este material?
- ¿Pueden los alumnos crear sus propias reglas mnemotécnicas?
- ¿Cómo puedo incorporar un tema mnemónico en mi explicación para ayudar a la memorización?

Desde hace tiempo, me fascina el tema de la memoria. Aún recuerdo la gran impresión que me produjo *El libro de la memoria* de Harry Lorayne. Desde que lo leí he incorporado demostraciones de la memoria, como, por ejemplo, memorizar un número entero de la revista *Time*, en muchas de mis actuaciones de magia. Usé ampliamente las técnicas mnemotécnicas para retener el contenido mientras estaba en la universidad, y ahora intento incorporar tantas como puedo para ayudar a mis alumnos. Por ejemplo, para enseñar el tema de la Carta de Derechos me inventé una regla mnemotécnica. Usar las seis letras de la palabra PIRATA como principio de organización para mi seminario y para este libro es otro ejemplo de cómo diseñar una presentación con un revestimiento mnemotécnico incrustado para ayudar a la memorización. Debemos ayudar a los alumnos no solo a comprometerse con nuestro contenido, sino a memorizarlo también.

EL GARFIO DEL DESAFÍO OPCIONAL PARA SUBIR NOTA

- ¿Qué desafíos de gran interés y motivación puedo crear para relacionarlos con esta unidad?

- ¿A qué misión intrigante puedo enviar a los alumnos que les permita ampliar su aprendizaje de un modo singular?

- ¿Cómo puedo proporcionar a mis alumnos la oportunidad de vivir una experiencia que les marque para toda la vida? (Téngase en cuenta que esto no debe exigirse para nota, pues es estrictamente adicional).

Algunos de los más memorables momentos de la experiencia de mis alumnos no acontecen en mi clase, y no son actividades obligatorias. Por ejemplo, cuando estudiamos el tema *El Oeste y la Fiebre del Oro*, recogemos la historia de un emprendedor extraordinario llamado Sam Brannan. Después de enterarnos del modo increíble en que se hizo rico sin pisar una mina para buscar oro, propongo un desafío. Sam Brannan está enterrado en San Diego, así que traedme un dibujo de su lápida. He hecho que centenares de alumnos, a lo largo de los años, buscaran en el cementerio Mount Hope y regresaran con sus dibujos. Me gusta darles actividades que parecen misiones, y ellos disfrutan yendo juntos con amigos y afrontando los desafíos.

El precursor de todos mis desafíos opcionales es «La marcha al mar». Como parte de una lección sobre el impacto de los automóviles y el modo como han transformado nuestro sentido del espacio y del tiempo, pregunto a mis alumnos que calculen cuánto tiempo nos llevaría ir desde el aula hasta la playa. Después de conjeturar que se tardaría entre veinte y cuarenta minutos, les digo que me refiero a pie. No tienen ni idea, así que les desafío a probarlo y averiguarlo. Tienen que tocar en mi puerta y después meter su mano en el océano. El trayecto les lleva entre siete y diez horas. Todos, debo añadir que por su propia cuenta, forman equipos y aparecen durante varios sábados y domingos a lo largo del segundo semestre e inician su marcha a una hora muy temprana, concretamente a las cinco de la mañana. A menudo inventan nombres para sus grupos e incluso diseñan camisetas especiales o visten todos igual. *The Bull Moose Party, The Tribe, The Neon Turtles* y *Team Song* son ejemplos de su creatividad en acción. Es absolutamente increíble si lo piensas un poco. Muchos alumnos, incluidos los que no quieren ir a la escuela diariamente, aparecen un sábado a las cinco de la mañana para caminar durante ocho horas.

Parte de la magia creada por la «zona de seguridad» de mi clase es la sensación de camaradería que se produce entre los alumnos. Con el tiempo, llegan a entusiasmarse con la idea de afrontar un desafío insuperable con un equipo. Los exploradores recogen recuerdos a lo largo del camino y los presentan en la clase a la semana siguiente. Se parecen a viejos compañeros de guerra recordando sus aventuras. Es una experiencia que nunca olvidarán.

Los alumnos harán cosas increíbles si puedes diseñar una clase y un entorno que sean positivos y potenciadores. Suscitar y superar desafíos, crear relaciones duraderas y forjar conexiones positivas con el colegio, no provocarán directamente unas mejores notas en los exámenes, pero sí crearán personas mejores. ¿No es esto lo que realmente queremos conseguir?

ESTO NO ES FÚTBOL
DE FANTASÍA[1]

La mayoría de mis amigos juegan al fútbol de fantasía. Siempre me he resistido a sus presiones y me he negado a unirme. No tengo nada en contra… solo que no quiero perder el tiempo. Este año, sin embargo, uno de los padres comenzó una liga infantil en el vecindario y mi hijo se unió. Observé los primeros juegos de la temporada con mi hijo y sus amigos, mientras seguían a sus jugadores; definitivamente, esto cambio el modo como ves el juego. Robby, el amigo de mi hijo, es un gran fan de los *Chargers* [Los Angeles Chargers, equipo de futbol americano], y observé, con incredulidad, cómo aplaudía después de un pase incompleto de Phillip Rivers a Vincent Jackson. Estábamos perdiendo el partido y habría sido un tanto para nuestro equipo, pero Jackson y Rivers estaban en el equipo virtual de su adversario. De hecho, estaba en contra de sus queridos *Charges*, porque las estadísticas de los jugadores individuales se habían convertido en algo más importante que el partido en sí.

En el futbol de fantasía, el mérito de un jugador se basa solamente en sus estadísticas individuales. Gran parte de lo que hace que un jugador sea excelente, y ayuda a que gane el equipo, no aparece en el panel de estadísticas. ¿El bloqueo que contribuyó

---

[1] Fantasy-fútbol es un juego en el cual los participantes forman un equipo de fútbol (europeo o americano) virtual basado en jugadores reales, que forman parte de equipos reales y que sobre la base de su actuación en los partidos de los diferentes campeonatos y ligas, obtienen una puntuación que establece su posición en un rating (NdT).

a conseguir un ensayo? ¡Olvídalo! No era mi jugador quien lo marcó. El seguimiento atolondrado y
obsesivo de las estadísticas puede conducir a una
visión superficial del partido.

Como entrenador de baloncesto, me gusta observar al jugador que rota para proporcionar una ayuda
defensiva, pone un bloqueo con el ángulo adecuado
para liberar al tirador de triples y bloquea al rebo-
teador principal del otro equipo. Desafortunadamen-
te, la mayoría de los seguidores que ven el partido
(y todos los que leen los resultados en el periódico)
pasa por alto estos elementos fundamentales para la
victoria. Las estadísticas solas no pueden medir apro-
piadamente el impacto que un jugador tiene en el
partido.

El mismo principio es válido también cuando
convertimos la escuela en una versión distorsionada
de los deportes de fantasía y exageramos los exámenes estandarizados oficiales. Una intensa concentración en las calificaciones puede llevar a una visión
superficial y estrecha de lo que realmente es importante. Me opongo a reducir la formación, el creci-
miento y el desarrollo de mis alumnos a una nota.
Gran parte de lo que es realmente importante a largo
plazo simplemente no aparece en el «boletín de notas» proporcionado por las calificaciones obtenidas
mediante exámenes estandarizados. Por ejemplo, yo
preferiría mucho más que los chicos que terminan mi
asignatura salieran de ella con la fortaleza de carác-
ter y la valentía de luchar contra el racismo cuando
lo afronten, a que salieran habiendo memorizado algunos hechos sobre la Ley de Derechos Civiles de
1964. No quiero decir que no puedan conseguirse
los dos objetivos, sino que sencillamente puntualizo

que en el examen solo puede medirse uno de ellos y que este *no es* el más importante.

¿Por qué tantos colegios redujeron el tiempo y la importancia dada al arte, la música y la educación física? La respuesta es bastante simple: estas áreas no se miden en los exámenes más importantes. Sabes dónde se miden esas áreas… ¡en *la vida*! El arte, la música y el estilo de vida saludable nos ayudan a desarrollar una perspectiva más rica, más profunda y más equilibrada. Nunca antes hemos necesitado tanto dar una gran importancia al desarrollo de la creatividad, pero las escuelas han seguido la dirección exactamente opuesta, con el objetivo de hacer los mejores autómatas posibles dedicados a aprobar exámenes. Nuestra economía ya ha dejado de premiar a quienes siguen ciegamente las reglas y se convierten en una pieza de la máquina. Necesitamos personas que asuman riesgos, pensadores que se salten las reglas y emprendedores; nuestros sistemas educativos hacen un flaco favor a la siguiente generación de líderes, pues no incentivan estas verdaderas habilidades y actitudes. En lugar de ayudarles y alentarles a encontrar y desarrollar sus fuerzas propias, se los dice que se callen, que se sienten, que apaguen sus móviles, que memoricen unos hechos y que rellenen las burbujas.

¡Esto no es el fútbol de fantasía! El objetivo de la educación no debería ser aumentar las puntuaciones de los exámenes; *debería* ser aumentar y realizar el potencial humano. Centrarse en las puntuaciones conduce a perder la perspectiva sobre lo que realmente importa, el juego.

¡Ah! Y, por cierto, en el juego del que hablo estamos todos en el mismo equipo.

Tercera parte

LLEGA A SER UN PIRATA MEJOR

LA PREGUNTA INCÓMODA

«La vida es demasiado corta para ser pequeña».

BENJAMIN DISRAELI

*«¿Quieres estar seguro y bien, o quieres tener una oportunidad
y ser grande?*

JIMMY JOHNSON

¿QUIERES SER GRANDE?

Cuando hago esta pregunta en mis talleres, a menudo se encuentra con un silencio incómodo, un movimiento nervioso en los asientos y una evitación de la mirada directa.

¿Por qué no responden los profesores a esta pregunta incómoda? Nosotros admiramos a los deportistas que quieren ser grandes. De hecho, nos exasperamos y nos decepcionamos con los que no tienen el empuje necesario para desarrollar todo su potencial. Sin embargo, a la mayoría de los profesores les resulta difícil admitir explícitamente que quieren ser grandes.

¿Podría deberse a que querer ser grande parece egocéntrico o egoísta? Deshagamos esta idea inmediatamente. Ante todo, tu grandeza en la clase no impacta negativamente ni obstaculiza la oportunidad de que otro sea también grande. No se trata de un juego de suma cero. La tarta es infinitamente enorme. De hecho, tu grandeza solo potencia las oportunidades y las posibilidades para los demás. Al ser grande, elevas el nivel y proporcionas un modelo para imitar. Al dar lo máximo de ti mismo contribuyes a la cultura escolar necesaria para crear un entorno donde florezca la grandeza. Además, la grandeza compartida con tus alumnos se propaga a todos los profesores que tienen contacto con ellos en otras asignaturas o cursos. Dejarán tu materia siendo personas más equilibradas, con más confianza en sí mismas, más competentes y positivas. El viejo dicho «la subida de la marea levanta todos los barcos» se cumple perfectamente en nuestra profesión.

Ser verdaderamente grandes requiere una cantidad importante de tiempo y de esfuerzo adicionales. Exige perseguir sin descanso la excelencia, el perfeccionamiento personal y el compromiso constante por crecer y mantenerse en la vanguardia.

Después de aplicar en todo el tiempo y el esfuerzo adicionales, ¿cuánto más verás en tu nómina por eso?

¡Cero! Cierto. ¡Ni un céntimo más!

Así pues, ¿quién se beneficia de tu grandeza?

Tus alumnos, tu escuela y tu comunidad, todos se benefician. En última instancia, el *mundo* se convierte en un lugar mejor gracias a tu grandeza. Por consiguiente, el esfuerzo por ser grandes en nuestra profesión es el acto supremo de altruismo. Tenemos una profesión de servicio, y no hay nada de egocentrismo o de egoísmo en querer dar a nuestros clientes un servicio de primera categoría.

Creo que hay otra razón que explica por qué la gente se siente incómoda a la hora de decir que quieren ser grandes: la presión del grupo. Estoy seguro de que una parte de mi audiencia quiere responder afirmativamente a la pregunta por la grandeza. Lamentablemente, los comentarios sarcásticos y las miradas burlonas de sus compañeros les impiden admitir lo que realmente quieren. A las personas que están cómodas y están habituadas a viajar en manada, siempre en medio del pelotón, les molestan a menudo aquellos que intentan escapar para buscar algo más. Después de todo, correr en el pelotón te ahorra el cuarenta por ciento de energía debido a la menor resistencia del viento. Por otra parte, escaparse exige una enorme energía y una gran fuerza para evitar ser arrastrado de nuevo a la manada. Créeme, mucha gente intentará arrastrarte. Por eso debes tener una meta por la que merezca la pena luchar.

LA MEDIOCRIDAD NO MOTIVA

Para ascender al nivel de grandeza tienes que arder de pasión y entusiasmo. La mediocridad es incapaz de motivar. No puedes conseguir arder con la mediocridad. Carece de energía, fuerza y de combustible para incitar a la acción. ¿Cómo podría alguien entusiasmarse creando un ambiente aburrido en el que los chicos fichan, se portan bien en su mayoría, y, después, salen en fila por la puerta para la siguiente clase? Enseñar es un trabajo duro lleno de increíbles obstáculos, dificultades y dolores de cabeza. Nuestra profesión tiene una tasa de *burnout* notablemente alta. A menos que encuentres algo grande en lo que ocuparte, no lo harás.

> *«Marcarse un objetivo inusualmente complicado te da una infusión de adrenalina que te provee de resistencia suficiente para perseverar ante las inevitables pruebas y tribulaciones que acompañan al objetivo».*
>
> TIMOTHY FERRISS

Buscar la grandeza, por otra parte, es un viaje que puede encender, avivar y alimentar continuamente un voraz incendio. Ese viaje comienza en el instante en el que el profesor elige cambiar de mentalidad y dice: «¡Sí! ¡Quiero ser grande!».

Si bien no es algo egocéntrico o egoísta, la búsqueda de la grandeza tiene, efectivamente, beneficios personales que rebasan los humanitarios. La decisión de perseguir la excelencia –como profesor y como individuo– transforma la enseñanza en una profesión increíblemente satisfactoria y gratificante. De repente, te resulta fácil levantarte de la cama por la mañana, porque estás motivado por un propósito poderoso. Y al final de una larga jornada, vuelves a casa con más energía que al comenzarla. Sé que esto es verdad, porque veo profesores, no solo en mi escuela, sino en toda la nación, que aman su trabajo porque han aceptado ser grandes.

La opinión pública, en general, tiene la falsa idea de que la educación está completamente rota y de que la enseñanza se ha convertido en un arte perdido. Se remite a un tiempo perfecto, que nunca ha existido, en el que «las cosas eran diferentes». ¡Quienes sostienen esta opinión están equivocados! No ven los mismos profesores que yo –profesores que son increíblemente innovadores y hacen impresionantemente cosas maravillosas en la clase–. No queremos regresar al sistema educativo de estilo industrial excesivamente institucionalizado. La obsoleta y dañina mentalidad del «no sonreír hasta Navidad» puede y debería desaparecer para siempre. Estamos avanzando vertiginosamente hacia un paisaje de la educación que cambia cada día. En estos tiempos de entusiasmo debemos estar dispuestos a asumir el desafío de redefinir la grandeza para toda una nueva generación de profesores y alumnos.

LA FINALIDAD PODEROSA

La propaganda mediática contra la educación y los profesores ha llegado al punto álgido de la ridiculez. No me perturba ni una pizca. Me resbala, me entra por un oído y me sale por el otro. Raramente entro al debate, y cuando lo hago nunca entro en confrontación ni pierdo la paciencia.

> *«Aléjate de la gente que trata de empequeñecer tus ambiciones. La gente pequeña siempre hace eso, pero la gente realmente grande, te hace sentir que tú también puedes ser grande».*
>
> MARK TWAIN

¿Por qué? Es sencillo. Mi finalidad es demasiada poderosa como para dejarse arrastrar por la negatividad. No puedo permitírmelo. Lo que intento llevar a cabo es demasiado importante y revolucionario como para permitir que algo me impida reducir la velocidad.

Cuando tienes una gran vocación, es mucho más fácil comprometerte en hacer todo lo necesario para realizar la finalidad de tu vida. Tienes que decidir si lo que haces merece todo tu esfuerzo y tu plena atención. Si es así, no dejes que nada te detenga. La palabra «decidir» tiene una etimología interesante. Significa literalmente «cortar». Cuando decides de verdad, te comprometes de verdad, estás cortando todas las demás opciones. Tomar una decisión sobre el objetivo o finalidad de tu vida no es algo que se haga a la ligera.

Me encanta lo que George Bernard Shaw dice en *Hombre y superhombre*:

> «La verdadera alegría en la vida es esa de ser utilizado para una finalidad que uno reconoce que es grandiosa, el quedar extenuado antes de que te arrojen al montón de chatarra, el ser una fuerza de la naturaleza en vez de ser un febril y egoísta bulto de dolencias y agravios que se queja de que el mundo no se consagra a hacerle feliz».

Nota que no dice que tu felicidad resulta del reconocimiento de tu finalidad como algo poderoso por parte de analistas políticos, de entrevistadores de radio y de personas ajenas. Dice que tiene que ser reconocida por *ti mismo*. Deja de mirar buscando la aprobación externa. Ciertamente, sería agradable que la sociedad, en general, valorara lo que hacemos, pero la notoriedad no es necesaria para ser grande y realizarse plenamente. Sabemos que los profesores están haciendo hoy más con menos que en cualquier otro período de la historia reciente. Nuestra profesión no ha quebrado. En los círculos que frecuento hay más energía para propulsar la profesión hacia adelante que en cualquier otro momento que pueda recordar.

No puedo pensar que exista una finalidad o una vocación más elevada que la de ser maestro o profesor. Ayudamos a estructurar las mentes de futuras generaciones. Tenemos la capacidad de cambiar literalmente el mundo. ¿Cómo puede entonces esperarse que alguien mida la extensión de nuestra grandeza? ¿Con más estadísticas, quizás?

En realidad, no, pero esto es exactamente en lo que se apoyan los modelos actuales de evaluación de los profesores para cuantificar su efectividad. Esos métodos son rematadamente defectuosos. No se puede medir el impacto de un profesor mediante las calificaciones logradas en exámenes estandarizados o con los porcentajes de suspensos. El impacto de un profesor solo puede medirse mediante *generaciones*. Me gusta la respuesta que dio un entrenador al final de temporada cuando se le preguntó si pensaba que había sido exitosa. Se detuvo un momento y respondió: «No lo sabré hasta dentro de veinte años». ¡Exacto! No estamos enseñando solamente hechos que se memorizan o habilidades que se aprenden; estamos elevando vidas y ayudando a los alumnos a realizar su potencial humano. Estamos formando a madres, padres, líderes mundiales, emprendedores y artistas del mañana. Cualquiera que tenga el más elemental conocimiento de progresión geométrica se da cuenta de que nuestros alumnos interactuarán con millones de personas e influirán en ellas. Es una finalidad poderosa, ciertamente.

Por eso estoy de acuerdo con el comentario de Shaw de querer estar totalmente extenuado antes de que esta vida acabe. No tengo tiempo para cansarme. Cuando haces obras grandes, tienes el imperativo moral de convertirte en la fuerza de la naturaleza a la que se refiere Shaw. Yo no quiero jugar en pequeño –quiero ser *más grande que la vida*–. Enseñar es un juego de póker en el que uno debe jugarse «todo». No permitas que nada te detenga. Tienes que tener, como diría Malcolm X, una actitud de «cueste lo que cueste». No pierdas el tiempo con gente negativa; debilitarán tus superpoderes con criptonita. Si la gente pudiera solamente ver lo que hacemos, se darían cuenta de que somos los superhéroes modernos actuales llevando el disfraz de Clark Kent como profesores.

¿Quieres ser grande? ¡Absolutamente! Nuestra finalidad es demasiado poderosa para nada menos.

TOCA EL TAMBOR

Desde que puedo recordar, «El pequeño tamborilero» ha sido mi villancico favorito. De todas las
canciones de Navidad, puedo decir, honestamente, que es la única que me emociona. La idea de
un joven demasiado pobre como para permitirse
un obsequio adecuado para el «rey recién nacido»
y de honrarle con lo que hace, es una gran lección
para todos nosotros. Pasamos mucho tiempo estre-
sándonos y preocupándonos con lo que nos falta,
y no dedicamos el tiempo suficiente a centrarnos
en lo que realmente importa.

El tamborilero no puede permitirse hacer regalos caros y lujosos, pero tiene algo mejor; puede
ofrecer el don de sus talentos y aptitudes propias.
No tienen ningún regalo material que ofrecer, pero
lo que *puede* hacer es tocar su tambor como nadie
más es capaz de hacerlo. Y lo hace. El hecho de
que sea aprobado y aceptado por María y los ani-
males no sorprende. Después de todo, cuando uno
se dedica totalmente a perseguir lo que le apasiona y ofrece el don personal de hacer lo que mejor
sabe, su fuerza es innegable y queda clara ante
todos.

¿No es esto de lo que trata realmente la vida?
Todos tenemos que encontrar nuestro propio
«tambor» personal, y, después, tocarlo lo mejor
que sepamos. En cuanto a mí, nunca me siento
verdaderamente más vivo que cuando estoy ante
una clase de alumnos o de un seminario lleno de
profesores. Ante ellos toco mi tambor y seguiré
tocándolo. El verso «Toqué con todo mi talento
para él» [versión en inglés] es todo un desafío

que debemos afrontar. Olvídate de todo cuanto no puedes controlar, y toca *tu* tambor con todo tu talento. Toca con toda la pasión, el entusiasmo y el coraje que puedas. Nada más importa en realidad. No existe un regalo mejor ni honor más alto que puedas dar al mundo que descubrir cuál es tu «tambor» y luego tocarlo lo mejor posible.

¿POR DÓNDE EMPIEZO?

«Todos los que consiguieron llegar a donde están, tuvieron que empezar donde estaban».

RICHARD PAUL EVANS

«El gran fin de la vida no es el conocimiento, sino la acción».

THOMAS HENRY HUXLEY

Espero que este libro te haya inspirado, o, al menos, hayas descubierto en él algunas ideas que quieras aplicar a tu enseñanza. ¿Dónde y cuándo deberías comenzar a aplicarlas?

Aquí y ahora.

«Comenzar» puede ser una de las aptitudes más difíciles y más infravaloradas. El mundo está lleno de ejemplos de personas que nunca han logrado lo que querían, porque sobreestimaron su dificultad y ni siquiera se molestaron en intentarlo. Descubrirás que la parte más

«Todo arte es una serie de recuperaciones de la primera línea. Lo más difícil de hacer es ponerla. Pero tienes que hacerlo».

NATHAN OLIVERA

dura del trayecto es, muy a menudo, dar el primer paso. La parte más especialmente difícil de escribir mis comentarios de blog es sentarme ante el ordenador y abrir un documento nuevo. Una vez hecho, la mitad de la batalla está ganada. Lo difícil de hacer ejercicio habitualmente es ir al gimnasio o salir de casa para caminar. Hacer ejercicio me hace sentirme muy bien, la única parte realmente difícil es comenzar.

¿Qué nos retiene? ¿Qué nos impide empezar? Las respuestas a estas preguntas son probablemente miles, si no millones. Dicho esto, las siguientes cinco razones son las más comunes, y todas pueden vencerse.

1. El temor a fracasar

Sencillamente, las personas no quieren empezar lo que saben que redunda en su interés y lo que realmente quieren hacer en el fondo, porque piensan que sus esfuerzos acabaran fracasando inútilmente.

- «¿Por qué renunciar a ese pastel y ponerme a hacer ejercicio cuando sé que voy a abandonarlo como otras veces antes?».
- «No tengo la capacidad de aprender el uso de la nueva tecnología, y, además, de aprenderla, seguro que cambiará inmediatamente».
- «Mis alumnos nunca participarán en estas locas actividades de clase».

Esta actitud contraproducente y la falta de confianza en uno mismo destruyen todo progreso. No puedes crecer, avanzar y progresar sin tropezar y caer repetidamente. Si, como bebés, emprendiéramos el proceso de aprender a caminar con nuestra mentalidad de adultos, aún estaríamos gateando. Tienes que ser capaz de superar el miedo y aportar tu trabajo al mundo.

«¿Te gustaría que te diera una fórmula para tener éxito? Es muy sencilla, de verdad. Dobla tu tasa de fracaso».

THOMAS WATSON

LA VIDA NO ES TOTALMENTE UN ÉXITO NI TOTALMENTE UN FRACASO

La «locura» del campeonato de baloncesto de la NCAA de 2011 terminó con un porcentaje de tiro por parte del equipo de la Universidad de Butler que fue el peor que nunca he visto hacer a ningún otro equipo del torneo. Fue un mal partido de leyenda. Y como cualquier equipo perdedor, Butler recibió un buen montón de críticas. Honestamente, todos los comentarios sobre el «fracaso» del equipo publicados en Twitter me pusieron enfermo. ¿Me estáis tomando el pelo? Un pequeño equipo sale de la nada y consigue participar en el campeonato *dos años* consecutivos, y, después, la gente se le echa encima porque pierde las dos veces. Para un equipo tan bajo en el *ranking* lograr llegar a la final dos años consecutivos es uno de los éxitos más increíbles en el baloncesto universitario. Pero como en nuestra cultura rige la filosofía de que o lo ganas todo o eres un perdedor, al equipo lo pusieron por los suelos. ¡No creas en esta estupidez! (Me recuerda cuando los *Bills* [equipo profesional de fútbol americano] perdieron cuatro Super Bowls en cuatro años y muchos dijeron que eran una vergüenza y un fracaso. ¡Pero oiga! Para perder cuatro Super Bowls consecutivas, tienes que llegar a la final las cuatro veces, lo que es un logro increíble).

Como sandieguino soy seguidor de los *Aztecs*, el equipo de baloncesto de la SDSU [San Diego State University]. Este equipo nunca ha estado entre los veinte mejores del *ranking* y nunca ha ganado un partido en el torneo de la NCAA. Acabó la temporada de 2011 con treinta y cuatro victorias y tres derrotas. Ocuparon el sexto lugar en la clasificación nacional, y llegaron a los octavos de final del campeonato. No obstante, después de perder ante UConn [el equipo de la universidad de Connecticut, uno de los mejores del país], algunos afirmaron que todo había sido en vano. Un equipo gana y el resto son perdedores. ¡Qué erróneo y disfuncional modo de ver el mundo!

¿Quieres una fórmula que garantiza la decepción en la vida? Rígete en tu vida con unas normas que te obliguen a ganar siempre o a tener el cien por cien de éxito para sentirte realizado.

¿Cómo aplicamos esto a la enseñanza? Durante una reciente sesión de formación del profesorado, una maestra de segundo curso me hizo una buena pregunta. Después de observarme demostrar un montón de estrategias y técnicas para involucrar a los alumnos, me preguntó: «¿Consigues que se involucren plenamente el cien por cien de tus alumnos con estas estrategias?». Yo dije: «BIEN. Voy a decirte la verdad. ¡NO! Lo que consigo es *más* implicación que la que tendría si no usara estas técnicas». Después confesó que se siente frustrada cuando intenta añadir presentaciones creativas y atractivas, porque no consigue que algunos alumnos se involucren realmente. Yo creo que muchos profesores se preparan para fracasar por hacer de su trabajo un juego del todo o nada. Yo siempre me esfuerzo por conseguir la involucración total, pero, creedme, también tengo problemas de gestión del comportamiento en mi clase. Los alumnos de más edad se escabullen mandando textos con sus portátiles, y los más pequeños se quedan absortos mirando por la ventana. Luchar por la excelencia y el compromiso pleno consiste en hacerlo cada vez mejor. Consiste en adaptar, ajustar e intentar afinar y mejorar todo lo que haces. No se trata de darte cabezazos por no conseguir un nivel inalcanzable de perfección parecido al nirvana.

La mentalidad del todo o nada exacerba el miedo al fracaso. Si crees que todo cuanto hagas tiene que funcionar siempre a pleno rendimiento, entonces es menos probable que asumas riesgos y salgas de tu zona de comodidad. A menudo digo: «Si no has fracasado en clase recientemente, probablemente no estás traspasando los límites suficientemente. Estás siendo demasiado seguro».

Tuve el placer de trabajar para John Wooden durante tres veranos en sus campamentos de baloncesto. Uno de sus sabios dichos es el siguiente: «Normalmente vence el equipo que más errores comete». Esto suena a contradicción. La verdad es que el equipo que comete más errores es el equipo que se arriesga y *hace* algo. Jugar con precaución es una receta para fracasar en el deporte, en el negocio, en la enseñanza, en el amor, y, prácticamente, en todo lo demás. Para alcanzar los niveles más elevados en cualquier actividad, tienes que estar dispuesto a caer de bruces.

Parece que actualmente todo el mundo la ha tomado con los profesores. Nos hemos convertido en los blancos de moda. Honestamente, no es algo que me preocupe ni tampoco debería preocuparte a ti. El éxito no es algo que te concede una fuente exterior o unas calificaciones. No procede de ganar el campeonato ni de perderlo. ¿Cómo podemos, entonces, definir el éxito? Creo que John Wooden lo expresó magníficamente: «El éxito es la paz de la mente, que es un resultado directo de la autosatisfacción de saber que hiciste el esfuerzo de dar todo para llegar a ser el mejor que eres capaz de llegar a ser».

Era un hombre realmente sabio.

2. Creer que tienes que tenerlo todo planificado antes de empezar

Nadie tiene todo planificado. Si yo hubiera sentido que debía tener todo planificado antes de empezar este libro o mi primer seminario, no habría hecho ninguno de los dos.

Para vencer en la clase, debes desarrollar la capacidad de dar saltos de fe. El coste de que una unidad que hemos programado salga mal es bajo. Nadie morirá si experimentamos en la clase y resulta que no funciona. Ahora bien, es diferente el caso en el que mi cirujano decidiera experimentar durante mi operación. Si el plan de clase fracasa, repítelo al día siguiente y hazlo bien. Más importante es tener en cuenta que el coste del fracaso es mucho menor que el coste de quedarse quieto y perder toda esperanza de progreso. Enseñar es como estar en una montaña escarpada y de cara lisa. Si permaneces quieto, no solo no solo no lograrás alcanzar la cima, sino que realmente perderás terreno. A menos que escales constantemente y te esfuerces por avanzar, retrocederás. Y aun cuando no puedas ver el impacto que tú o tu asignatura tendréis en tus alumnos veinte años después, no pasa nada. No tienes que ver la cima de la montaña para saber que solo podrás llegar a ella avanzando hacia adelante.

> *«Fe es dar el primer paso, incluso cuando no ves toda la escalera».*
>
> MARTIN LUTHER KING

3. El perfeccionismo

El perfeccionismo puede paralizar. Algunas personas no quieren actuar hasta que llegue el momento perfecto y se hayan solucionado todos los fallos. La exigencia de la perfección impide que estas personas produzcan algo relevante, porque, obviamente, la perfección es un objetivo imposible de lograr. Es mucho más importante ser prolífico que ser perfecto. Yo me adhiero al principio del fotógrafo de bodas. Sería intolerable que este fotógrafo no hiciera ninguna fotografía durante todo el día esperando a hacer el disparo perfecto. ¿Qué hacen? Pues hacer cientos de fotografías desde todos los ángulos posibles de los participantes. Puesto que las fotografías son digitales, el coste de cada una de más es insignificante. Después, tienes la libertad y la flexibilidad de elegir tus favoritas. Es mucho más probable que encuentres grandes fotografías cuando hay cientos donde elegir. Lo mismo puede aplicarse a las creaciones didácticas.

Mata al crítico interior que bloquea tu flujo creativo. Renuncia a buscar el santo grial de la perfección. Crea libremente, generosamente y en grandes cantidades; actuar así te libera de cualquier idea de la necesidad de ser perfecto.

¿Cómo sabrás cuáles son las mejores ideas entre tantas? Si no puedes determinarlas por ti mismo, créeme, el mundo te lo hará saber. Esto suscita otro aspecto en la necesidad de ceder en tu perfeccionismo y de salir a la intemperie. A menos que expongas ante el mundo tu trabajo, tu arte, no cuenta para nada. En su libro *Linchpin*, Seth Godin se refiere a este concepto con el término «envío»: «Enviar algo fuera, hacerlo periódicamente, sin molestar, sin urgencia o miedo, es una rara habilidad, algo que hace que tú seas imprescindible». En mi círculo íntimo de colegas, usamos esta palabra, *envío*, para rendirnos cuentas. Nos persuadimos unos a otros para continuar trabajando. O bien puedes *hablar* sobre todas las cosas grandes que vas a hacer o bien puedes realmente *hacerlas*. No hay término medio. Como decía Steve Jobs: «Los artistas de verdad hacen sus envíos».

¿Qué has enviado recientemente?

4. La falta de concentración

El tiempo es nuestra mercancía más valiosa, y, definitivamente, es un recurso limitado. Por consiguiente, no podemos hacerlo todo. Con demasiada frecuencia, llenamos nuestras agendas con minucias y parece que estamos muy ocupados para cumplir nuestros objetivos. Jugamos al engaño con nosotros mismos; es lo que Steven Pressfield llama en *La guerra del arte* «resistencia». Inconscientemente sabemos que, si nos mantenemos ocupados y con agendas repletas de tareas, no tendremos que hacer frente a la gran obra que sabemos que tendríamos que hacer. Tenemos que hacer lo que Stephen Covey describe como poner las grandes rocas (tus prioridades) en el primer puesto en tu vida. Las cosas menos importantes pueden exigir un tiempo adicional, así que no permitas que les quiten tiempo a tus prioridades. Sé consciente de que cuando dices sí a algo, le estás diciendo no a otra cosa. Aprende a decir sí a lo relevante y no a proyectos y actividades que merman el tiempo y la energía que necesitas para cumplir tu objetivo principal.

> *«Es fácil decir "no" cuando tienes un "sí" mayor quemándote por dentro».*
> STEPHEN COVEY

5. Temor a la crítica o al ridículo

Puedes temerlo todo cuanto quieras… llegará de todas formas. Me sorprendo constantemente de cuánto parecemos desear la aprobación y el consentimiento de los demás adultos, y usamos su ausencia para justificar la inacción. La crítica y el ridículo forman parte intrínseca del proceso que te lleva a probar ideas nuevas y a ser más proactivo que reactivo. Te equivocarás, harás el ridículo, y muchos te provocarán dolor por eso.

> *«No puedo darte la fórmula para el éxito, pero te puedo dar la fórmula para el fracaso: intenta complacer a todo el mundo».*
> HERBERT BAYARD SWOPE

También crecerás, encontrarás ideas que funcionan, y dejarás a los críticos de sofá en el polvo.

NO PERMITAS
QUE LOS CRÍTICOS
TE ROBEN EL ALMA

Presentamos en primer lugar un contexto, después una bronca y finalmente un comentario.

Al terminar la unidad sobre la Segunda Guerra Mundial, doy una lección completa sobre la decisión de tirar la bomba atómica en Japón. Presento imágenes al respecto, presento los argumentos de ambos lados, y también proyecto un documental sobre las consecuencias de la explosión y de la radioactividad. En este se incluye extensas entrevistas a los supervivientes y fotografías que anteriormente se habían censurado. Dialogamos sobre las implicaciones morales del uso de la bomba como también sobre los argumentos militares. Nos hacemos preguntas como, por ejemplo, «¿El fin justifica los medios?», «¿Salvó realmente vidas el uso de la bomba de atómica al poner inmediatamente fin a la guerra?». Finalmente, les hablo de Sadako Sasaki y las «mil grullas de origami». Es la historia de una niña de dos años de Hiroshima que ya de adolescente muere lentamente de leucemia en el hospital como consecuencia de la bomba. Intenta desesperadamente hacer mil grullas de papel, que, según una leyenda japonesa, le garantizará el cumplimiento de su deseo de seguir viviendo. La historia es emotiva y crea un fuerte sentimiento en la clase. Al final les hablo de la estatua dedicada a Sadako que se encuentra en el Parque de la Paz de Hiroshima y en la que están inscritas las siguientes palabras: «Este es nuestro grito, esta es nuestra plegaria: paz en el mundo». Saco, a continuación, una guirnalda compuesta por mil grullas pequeñas, y le digo a la clase que, en honor de Sadako y las víctimas inocentes de la guerra, les enseñaré a hacer una grulla de papel. La última parte del día dedicada a Sadako la pasamos haciendo grullas de papel según mis indicaciones. Cada alumno se marcha con una grulla hecha por él mismo.

Bien, este es el contexto... ¡ahora llega la bronca!

Habíamos tenido la visita de acreditación de la WASC (Western Association of Schools and Colleges). El equipo visitante fue bien dirigido y se quedó con una impresión positiva de nuestra escuela. Considerado en su conjunto, resultó un proceso provechoso y fructífero. Pero, y se trata de un gran «pero», ocurrió algo que me hirvió la sangre y que me ha costado largo tiempo superar. Uno de los miembros entró en mi clase durante los últimos diez minutos de la lección sobre Sadako, cuando estaba dando las instrucciones sobre los dobleces finales para hacer la grulla. Se acercó a un alumno, que estaba sentado en la repisa (sí, en efecto, ¡tenemos más alumnos que pupitres!), y le preguntó qué asignatura se impartía. Después de oír que era Historia de los Estados Unidos, miró alrededor y dijo, criticando, en voz baja (pero lo suficientemente alta para que la oyeran los alumnos que estaban en su zona), «¿Qué tiene esto que ver con la Historia de los Estados Unidos?». Después, caminó hasta la pared del fondo y dejó el aula pasados un par de minutos.

«¿Qué tiene esto que ver con la Historia de los Estados Unidos?». ¿Me está tomando el pelo? ¿Este tipo entra en mi clase, pasa tres minutos, ve todo descontextualizado y salta con esa pregunta? Olvidemos lo poco profesional que resulta decir algo así frente a un grupo de mis alumnos. Puedo superarlo porque todos los alumnos pensaron que era un completo idiota. Sabían exactamente que sí tenía que ver con la Historia de los Estados Unidos. Si él hubiera querido realmente enterarse, podría haberme preguntado a mí en vez de hacer una crítica errónea y arrogante y quedar como un perfecto ignorante en cuanto entró en mi aula.

Más tarde, me enteré de que en una de las últimas reuniones de directores se había criticado a un profesor de inglés porque los alumnos estaban haciendo un dibujo de un dios griego como parte de un trabajo sobre mitología. El comentario fue el siguiente: «¿Es eso un ejemplo de rigor en una clase de inglés?».

Sí, claro, Dios prohíbe que incorporemos elementos artísticos y creativos en una materia que no pertenezca al departamento de arte. Pero enseguida entenderás que los alumnos podrían disfrutar así viniendo a la escuela y llegar a ser individuos equilibrados.

Sé que me meteré ahora en problemas con algunos de vosotros, pero tengamos cuidado con la palabra «rigor». Veamos cómo define el término el diccionario Merriam-Webster en línea:

- inflexibilidad total en opinión, temperamento o juicio
- severidad
- cualidad de ser rígido o inflexible
- rigidez, severidad de vida, austeridad
- acto o ejemplo de rigidez, severidad o crueldad
- temblor causado por un grito
- condición que hace la vida difícil, desafiante o incómoda.

¡Cielos! No quiero que ninguna de estas definiciones describa mi clase. Lo único positivo en toda la definición es el término «desafiante». ¿Inflexibilidad total en opinión? ¿Severidad? ¿Condición que hace la vida difícil? ¡No, gracias!

Sé, ciertamente, que no es esto lo que quieren decir los pedagogos cuando recurren a ese término. No obstante, pienso que es importante que definamos con claridad y precisión qué entendemos por «rigor». Espero que no signifique aumentar la carga de trabajo de los alumnos. Sería mejor que no significara aumentar más los deberes o las clases, que ya son difíciles de soportar. En cambio, si rigor significa mejorar las habilidades de pensamiento de orden superior y ofrecer a los alumnos la oportunidad de un trabajo valioso y desafiante, estoy totalmente de acuerdo. ¿Más aplicaciones del mundo real? ¡Suena genial!

Muchas personas que usan esa palabra no se han molestado nunca en analizarla. Pienso que hay personas que no tienen ni idea de lo que significa un trabajo valioso y desafiante. Después de todo, la creatividad es una de las formas más elevadas del pensamiento, pero algunos «reformadores» pedagógicos no quieren que los alumnos tengan la oportunidad de expresarla. La consideran una capacidad «blanda», no suficientemente «rigurosa». Claramente, tenemos que trabajar para hacer algo al respecto.

Procedamos ahora al comentario sobre esta historia. ¡Tú serás criticado! De hecho, cuanto más te salgas de la norma y rechaces la cultura de la conformidad, más te convertirás en el blanco de la crítica. Cuando llegue la crítica, tómate un momento para evaluarla. ¿Es la crítica una oportunidad para crecer? Sí es así, aprende de ella. Pero sé consciente también de que tus críticos pueden no tener ni idea de lo que están hablando. En este caso, ignórala.

Tienes que tener el coraje, la autoconfianza y la fuerza personal para seguir adelante y hacer lo que sabes que es correcto para tus alumnos. No permitas que los críticos equivocados y mal informados te roben el entusiasmo de la innovación. Si los dejas, debilitarán la fuerza necesaria para persistir en esta profesión brutalmente dura. Tienes que aprender cómo encajar un golpe y evitarlo, y seguir avanzando. Lo que haces como docente es demasiado importante como para dejar que alguien que se mantiene en los márgenes te impida ser el profesor absolutamente más poderoso que puedes ser. Algunos nunca lo entenderán. No pasa nada, es su problema; no puedes permitir que se convierta en el tuyo.

No creo que nadie lo haya expresado nunca mejor que Theodore Roosevelt:

«No es el crítico quien cuenta, ni el que señala con el dedo al hombre fuerte cuando tropieza o el que indica en qué cuestiones quien hace las cosas podría haberlas hecho mejor. El mérito recae exclusivamente en el hombre que se halla en la arena, aquel cuyo rostro está manchado de polvo, sudor y sangre, el que lucha con valentía, el que se equivoca y falla el golpe una y otra vez, porque no hay esfuerzo sin error y sin limitaciones. El que cuenta es el que, de hecho, lucha por llevar a cabo las acciones, el que conoce los grandes entusiasmos, las grandes devociones, el que agota sus fuerzas en defensa de una causa noble, el que, si tiene suerte, saborea el triunfo de los grandes logros y si no la tiene y falla, fracasa al menos atreviéndose al mayor riesgo, de modo que nunca ocupará el lugar reservado a esas almas frías y tímidas que ignoran tanto la victoria como la derrota».

Resulta fácil mantenerse en la barrera y criticar. Mientras tanto, nosotros nos mantendremos limpiándonos el polvo, el sudor y la sangre de nuestra cara, porque estamos en la arena.

EN CASO DE DUDA, ACTÚA

«Pensar no va a superar el miedo, pero la acción sí».

W. CLEMENT STONE

El mejor modo de superar el miedo es actuar. Cuanta más pases a la acción y con mayor rapidez lo hagas, mejor.

El mejor modo de dar solidez a tu compromiso por lograr tus objetivos es pasar a la acción. El mejor modo de superar los obstáculos en el camino hacia la grandeza es conseguir suficiente impulso mediante la acción para aplastarlos.

«La acción es la clave fundamental de cualquier éxito».

PABLO PICASSO

La ley de la inercia afirma que un objeto se mantendrá en reposo a no ser que actúe una fuerza sobre él, y que un objeto en movimiento se mantendrá en movimiento a menos que una fuerza actúe sobre él. Para superar la inercia e iniciar el movimiento, necesitamos ejercer una gran fuerza. Una vez que estemos en movimiento es bastante probable que nos mantengamos así. Esto se verifica especialmente si unimos velocidad e impulso. Si tienes que parar un coche que va calle abajo, ¿daría igual que fuera a 9 km por hora que a 96 km por hora? Si va 96 km por hora pasará por encima de ti y seguirá su trayectoria. Nosotros queremos ir a 96 km por hora hacia nuestros objetivos de modo que los obstáculos queden arrollados en nuestro camino y sean recuerdos lejanos en el retrovisor. La razón por la que mucha gente se bloquea por problemas y obstáculos es porque no han conseguido un impulso suficiente. Quita el pie del freno y pisa el acelerador.

Yo he visto a personas que tardan veinte minutos en meterse en una piscina. Primero un pie, después, quedarse paradas quejándose de lo fría que está el agua. Poco a poco, avanzan hacia una parte más profunda. También he visto a otras que caminan directamente hacia la piscina y saltan. El miedo, la parálisis analítica y la falta de confianza, pueden convertir lo que debería ser un cambio rápido y sencillo en un proceso tortuoso y prolongado. Quítate las vendas, aguanta y avanza con una acción masiva y constante.

«Cualquier cosa que puedas hacer o soñar que puedes, iníciala. La audacia tiene genio, poder y magia en ella».

GOETHE

ENCONTRAR UNA TRIPULACIÓN

«No solo uso mi cerebro, sino también todos aquellos
que pueda pedir prestados».

WOODROW WILSON

Todos los piratas viajan con una tripulación; no se echan
al mar, navegan y libran batallas ellos solos. Una de las partes más
gratificantes de enseñar es la relación personal y profesional que
desarrollamos en nuestra travesía. Yo soy el profesor que hoy soy
gracias a las relaciones que he desarrollado. Tener una tripulación
diversa redunda en tu beneficio. No te limites por la materia que
impartes, por el curso, por la escuela ni por la profesión. Ten en
cuenta la opinión de una amplia variedad de personas y buscar
perspectivas múltiples.

Busca oportunidades para mejorar tu oficio y encuentra docentes
dispuestos y decididos a comprometerse en conversaciones provecho-
sas sobre «el trabajo». Lee cuanto puedas sobre la educación y campos
afines, y asiste a conferencias siempre que sea posible. Siempre que
salgo de una conferencia o de un congreso me siento lleno de energía,
tanto por las ideas nuevas que he oído como por estar en el mismo

espacio físico con otras personas que están dedicadas a mejorarse. Podrías hacer contactos que duran para siempre.

El poder de las redes sociales consigue que ningún profesor tenga que sentirse aislado. Por ejemplo, yo formo parte de un enorme grupo de docentes que habitualmente nos conectamos vía Twitter. Tengo acceso diario a increíbles recursos de desarrollo profesional conectándome con mi *Professional Learning Network* (PLN). Participo en numerosos chats sobre educación en Twitter, incluyendo #sschat, que está formado por un fantástico grupo de maestros y profesores de ciencias sociales de prácticamente todo el mundo. No importa qué enseñes o en qué nivel, encontrarás a grandes profesores y directores hablando sobre el tema en Twitter. Puedes conectarte conmigo en @burgessdave si necesitas ayuda para empezar.

COLABORACIÓN AUTÉNTICA FRENTE A «COLABORACIÓN» TÓXICA [*COLLABORATION VERSUS KILLABORATION*]

Creo firmemente en el poder de la colaboración, pero no creo que su objetivo final tenga que ser llegar a un único método «correcto» de enseñanza. La colaboración puede hacer de todos los que contribuyen a ella sean unos profesores mejores, en cuanto que todos se exponen sus ideas recíprocamente y tienen la oportunidad de sacar provecho de la inteligencia colectiva del grupo. Los ambientes colaborativos pueden desafiar tu forma de pensar e impulsarte hacia posiciones a las que no podrías haber llegado sin el apoyo de tus compañeros. Sin embargo, también he visto cómo se usa la colaboración para forzar la conformidad y asfixiar la creatividad. Solo hay una delgada línea entre ambas.

A mí me gusta pensar en la colaboración como un tipo de «*mastermind group*»[1], según la descripción hecha por Napoleon Hill en su

---

[1] El *mastermind group* consiste en organizar pequeños grupos de conocimiento y dirigirlos de manera inteligente para que todos salgan beneficiados a título individual. Actualmente podría traducirse como un *mentoring peer to peer* basado en la inteligencia colectiva, donde todos aportan lo mejor de sí mismos para que todos ganen (NdT).

clásico libro *Piense y hágase rico*. Hill define el «*mastermind group*» como «coordinación de conocimiento y esfuerzo, en un espíritu de armonía, entre dos o más personas, para el logro de un propósito definido». Posteriormente, añade: «Cuando un grupo de mentes individuales se coordinan y funcionan en un espíritu de armonía, el aumento de energía generada por esa alianza se hace accesible a cada mente individual del grupo». No dice que cada individuo comenzará a pensar igual o llegará a una única respuesta, sino, más bien, que cada individuo será capaz de funcionar al máximo nivel mediante la participación armoniosa. En cambio, si el modo de colaboración que se establece, se impulsa y se sigue en tu colegio no contribuye a su realización «en un espíritu de armonía», no será efectivo.

El proceso colaborativo puede generar resultados extraordinariamente creativos, innovadores y prácticos. Por consiguiente, uno de los grandes propósitos de tu escuela debería ser aumentar la comunicación, la conversación fundamentada y las oportunidades para que los docentes interactúen y colaboren entre sí. Pero asegurémonos de que el «propósito definido» de colaboración sea la mejora la enseñanza, no simplemente su estandarización.

Desconfía de quienes venden programas completos que supuestamente resolverán todos los problemas educativos. Yo creo que no existe una única respuesta al respecto, y por eso deberíamos tomar las mejores ideas de cualquier lugar donde las encontremos.

KUNG-FU EN EL AULA

Bruce Lee es, probablemente, el nombre más famoso en la historia de las artes marciales, pero la mayoría de la gente saben poco sobre él, salvo lo que han visto en sus películas o que murió prematuramente. Lee era un verdadero visionario que transformó el paisaje de las artes marciales con su revolucionario estilo de enseñanza; creo que podemos aprender bastante de este maestro.

Lee fue formado en el estilo clásico del Wing Chun, pero, en 1967, rompió con él y creó su propia filosofía que llamó Jeet Kune Do. Pensaba que los expertos en artes marciales estaban restringiendo artificialmente sus opciones por adherirse ciegamente a un estilo particular. Lee creía que el plan más eficaz y práctico debía incorporar los mejores elementos de los múltiples estilos. Cargó contra la continua repetición de formas bellas y floreadas que estaban totalmente fuera del contexto de cómo funcionaban en el mundo real. A él no le interesaba lo «bello» que fuera un movimiento; solo le preocupaba que fuera efectivo en el mundo real. Una situación de combate real es embrollosa e impredecible. Como sabemos, en las aulas pasa lo mismo. La enseñanza de gran calidad puede ser, a veces, algo caótica, y tenemos que estar constantemente en alerta sobre el paisaje cambiante en nuestras aulas y hacer los «movimientos» basándonos en lo que funciona, no necesariamente en lo teóricamente ideal, o, Dios no lo quiera, en lo que está escrito de antemano. La gran enseñanza, como un combate, no puede seguir un guion.

De vez en cuando, observo las sesiones de desarrollo profesional y tengo la inmediata sensación de que el ponente lo hace bien según las formas clásicas, pero que no aguantaría un asalto frente a una clase real. Siento decirlo, pero sabes que tengo razón. (No digo que no tenga nada valioso que ofrecer, pero le vendría bien trabajar un poco más sus movimientos en el mundo real).

Los distritos escolares y las escuelas parecen que siempre están invirtiendo en el programa más reciente y de mayor éxito para resolver todos sus problemas. Pero no funciona. Ningún programa contiene todas las mejores respuestas, al igual que ningún arte marcial contiene todos los mejores movimientos. El mejor experto en artes marciales puede dar un golpe de judo, una patada de taekwondo y un ataque de karate. De igual modo, los profesores no deberían dejarse encasillar por una doctrina o un programa determinados. En su lugar, deberían estar siempre buscando añadir «movimientos» cada vez más eficaces a nuestro estilo de enseñanza, independientemente de su origen.

A veces, las fuerzas exteriores intentan encerrarnos en un estilo particular. Otras veces, somos nosotros mismos. ¡Es hora de confesarse! Durante años me he vanagloriado de ser el «tipo negado a las nuevas tecnologías», y rápidamente me opuse a las oportunidades de incorporarlas diciendo: «No es mi estilo». Esta actitud es exactamente igual que la del especialista en artes marciales que se opone a un movimiento práctico y efectivo porque no forma parte del Wing Chun o de cualquier estilo del que sea partidario. Bruce Lee tenía razón. A veces, etiquetar y anunciar un estilo limita tu desarrollo.

Él tenía miedo a que sus seguidores hicieran lo mismo con su Jeet Kune Do, y constantemente les aconsejaba que no se preocuparan por el nombre.

¿Te has limitado a ti mismo siguiendo ciegamente un estilo o un programa? ¿Formas a tus alumnos para que hagan repeticiones bellas y perfectas de las formas clásicas eliminando completamente su vinculación con las aplicaciones del mundo real? En un combate real no comienzas a hacer tus movimientos según el orden prescrito que aprendiste. De igual modo, no queremos alumnos que solo sepan repetir como loros los hechos, las fórmulas y las ecuaciones. Queremos alumnos que integren lo aprendido y lo apliquen inteligentemente al mundo real que les circunda.

Mantente con flexibilidad, continúa aprendiendo y prosigue la búsqueda incesante de lo que es más efectivo. Siéntete libre de abandonar algunas de las formas y de las técnicas clásicas que aprendiste. Los profesores y los alumnos pueden beneficiarse adoptando una filosofía como la del Jeet Kune Do en el aula.

ENCONTRAR
EL TESORO

*«Una vez hecho el trabajo mental, llega el momento
en el que tienes que pasar a la acción y
poner en ella todo tu corazón».*

PHIL JACKSON

Me siento completamente dichoso de que hayas elegido hacer esta travesía conmigo. Viajando para dar conferencias, ponencias, y participando en congresos y centros universitarios, me he sentido abrumado por la acogida amable, apasionada y entusiasta que he recibido de los docentes. La nuestra es una profesión absolutamente extraordinaria, llena de personas con talento que me hacen sentirme orgulloso de llamarme profesor.

Si este libro te ha inspirado, te ha alentado o te ha ayudado a encontrar algún tesoro pedagógico, me gustaría que lo compartieras conmigo. Oír tus pensamientos y experiencias al probar estar ideas en tu clase hace que todo esto merezca la pena. Puedes ponerte en contacto cuando quieras en outrageousteaching@gmail.com, y, por favor, siéntete libre de inscribirte en mi lista de correo gratuita en http://daveburgess.com. La inscripción te da acceso también al enlace con mi sitio, que incluye recursos adicionales, artículos en PDF y vídeos.

Gracias por ayudar a propagar el libro *Enseña como un PIRATA* y su filosofía. Espero que nos encontremos mientras exploramos territorios desconocidos y tenemos aventuras nuevas y desafiantes.

Gracias,

Dave Burgess

SOBRE EL AUTOR

DAVE BURGESS imparte talleres y charlas muy populares para profesores. Es famoso por su estilo creativo, lúdico y enérgicamente *escandaloso*. Sus talleres, seminarios y conferencias animan y ayudan a los profesores a desarrollar formas prácticas para llegar a ser más creativos y cautivadores en la clase. Enseña Historia de los Estados Unidos, ha recibido varios premios como profesor y ejerce la docencia, desde hace dieciséis años, en la West Hills High School de San Diego, California. Está especializado en la enseñanza de alumnos problemáticos y con falta de motivación mediante técnicas que incorporan el espectáculo y la creatividad.